AUTORES:

JOSÉ MARÍA CAÑIZARES MÁRQUEZ
CARMEN CARBONERO CELIS

COLECCIÓN OPOSICIONES MAGISTERIO: EDUCACIÓN FÍSICA

LA SALUD Y LA CALIDAD DE VIDA:
HÁBITOS Y ESTILOS DE VIDA SALUDABLES EN RELACIÓN LA ACTIVIDAD FÍSICA. EL CUIDADO DEL CUERPO. AUTONOMÍA Y AUTOESTIMA.
(VOLUMEN 5)

WANCEULEN
EDITORIAL DEPORTIVA

COLECCIÓN OPOSICIONES MAGISTERIO: EDUCACIÓN FÍSICA

VOLUMEN 5.

LA SALUD Y LA CALIDAD DE VIDA. HÁBITOS Y ESTILOS DE VIDA SALUDABLES EN RELACIÓN CON LA ACTIVIDAD FÍSICA. EL CUIDADO DEL CUERPO. AUTONOMÍA Y AUTOESTIMA.

AUTORES

<u>José Mª Cañizares Márquez</u>

- Catedrático de Educación Física
- Tutor del Módulo del Practicum del Master de Secundaria
- Especialista en preparación de opositores
- Autor de numerosas obras sobre Educación y Preparación Física

<u>Carmen Carbonero Celis</u>

- D. E. A. en Instituciones Educativas
- Licenciada en Pedagogía
- Maestra de Primaria y Secundaria en centros de Educación Compensatoria
- Didacta presencial del Módulo de Pedagogía General en el CAP
- Profesora de Pedagogía Terapéutica en Centro Educación Primaria

Título: LA SALUD Y LA CALIDAD DE VIDA. HÁBITOS Y ESTILOS DE VIDA SALUDABLES EN RELACIÓN CON LA ACTIVIDAD FÍSICA. EL CUIDADO DEL CUERPO. AUTONOMÍA Y AUTOESTIMA.

Autores: José Mª Cañizares Márquez y Carmen Carbonero Celis

Editorial: WANCEULEN EDITORIAL DEPORTIVA, S.L.

C/ Cristo del Desamparo y Abandono, 56   41006 SEVILLA

Dirección web: www.wanceulen.com

I.S.B.N.: 978-84-9993-476-1

Dep. Legal:

© **Copyright:** WANCEULEN EDITORIAL DEPORTIVA, S.L.

Primera Edición: Año 2016

Impreso en España:

Reservados todos los derechos. Queda prohibido reproducir, almacenar en sistemas de recuperación de la información y transmitir parte alguna de esta publicación, cualquiera que sea el medio empleado (electrónico, mecánico, fotocopia, impresión, grabación, etc), sin el permiso de los titulares de los derechos de propiedad intelectual. Cualquier forma de reproducción, distribución, comunicación pública o transformación de esta obra solo puede ser realizada con la autorización de sus titulares, salvo excepción prevista por la ley. Diríjase a CEDRO (Centro Español de Derechos Reprográficos, www.cedro.org) si necesita fotocopiar o escanear algún fragmento de esta obra.

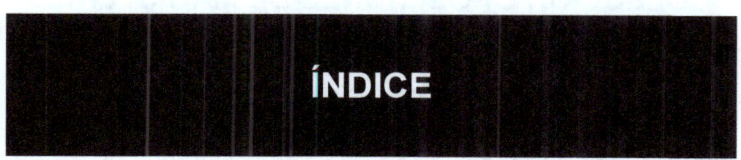

ÍNDICE

Presentación de la Colección.

Introducción

1. ASPECTOS COMUNES A TENER EN CUENTA EN EL EXAMEN ESCRITO.

    1.1. Criterios de corrección y evaluación que siguen los tribunales.
    1.2. Consejos sobre cómo estudiar los temas. Estrategias.
    1.3. Recomendaciones para la realización del examen escrito. Estrategias.
    1.4. Modelo estandarizado de presentación de examen escrito.
    1.5. Partes estándares a todos los temas.

2. LA SALUD Y LA CALIDAD DE VIDA. HÁBITOS Y ESTILOS DE VIDA SALUDABLES EN RELACIÓN CON LA ACTIVIDAD FÍSICA. EL CUIDADO DEL CUERPO. AUTONOMÍA Y AUTOESTIMA.

COLECCIÓN OPOSICIONES DE MAGISTERIO.
ESPECIALIDAD DE EDUCACIÓN FÍSICA

PRESENTACIÓN DE LA COLECCIÓN

Los autores, con muchos años de experiencia en la preparación de oposiciones, hemos plasmado en esta Colección multitud de argumentos y detalles con la finalidad de que cada persona interesada en acceder a la función pública conozca minuciosamente todos los pormenores de la preparación.

La Colección está compuesta por una treintena de volúmenes, de los que veinticinco están dedicados a otros tantos capítulos del temario, y los cinco restantes a cómo hacer y exponer oralmente la programación didáctica y las UU. DD., así como a resolver el examen práctico escrito.

Los destinados a los temas llevan incorporados unos aspectos comunes previos sobre cómo hay que estudiarlos y consejos acerca de cómo realizar el ejercicio escrito.

Los aplicados al examen oral: defensa de la programación y exposición de las U.D.I., también llevan un capítulo referente a cómo es mejor hacer la expresión verbal, el mensaje expresivo, el esquema en la pizarra, etc.

Es decir, los autores no nos hemos ceñido a publicar un temario para las dos pruebas escritas (tema y casos prácticos) y las dos orales (programación y unidades). Hemos querido hacer partícipe de las técnicas que hemos seguido estos años y que tan buen resultado nos han dado, sobre todo a quienes sacaron plaza merced a su propio esfuerzo. No obstante, debemos destacar un aspecto capital: ratio del tribunal, es decir, ¿con cuántos opositores me tengo que "pelear" para conseguir la plaza?

Ya podemos ir perfectamente preparados, que si un tribunal tiene dos plazas para dar y hay diez opositores con un diez... la suerte de tener una décima más o menos en la fase de concurso nos dará o quitará la plaza.

Por otro lado, es conocido que desde hace año en España tenemos diecisiete "leyes de educación", es decir, una por autonomía, además de la que es común para todos y que, como las autonómicas, depende del partido político que gobierne en ese momento. No podemos obviar que la Educación y todo lo que le rodea -incluidos opositores- es un aspecto más de la política, si bien entendemos debería ser justo lo contrario. La formación de nuestros hijos no debe estar en función de unas siglas de unos partidos políticos, porque cuando uno consigue el poder, elimina por sistema lo hecho por el anterior, esté mejor o peor. Ejemplos, por desgracia, hay muchos desde la LOGSE/1990. Así pues, abogamos por un Pacto Educativo que incluya, lógicamente, a opositores y al Sistema de Acceso a la Docencia.

Esto trae consigo que, forzosamente, debamos basarnos en una línea de elementos legislativos. En nuestro caso, además de la nacional, nos remitimos a la de Andalucía. Por ello, las personas opositoras que nos lean deberán adecuar las citas legislativas autonómicas que hagamos a las de la comunidad/es donde acuda a presentarse a las oposiciones docentes.

Para cualquier información corta, los autores estamos a disposición de las personas lectoras en:

oposicionedfisica@gmail.com

INTRODUCCIÓN

Este volumen tiene dos partes claramente diferenciadas:

a) Por un lado tratamos diversos aspectos comunes a todos los temas escritos. Es decir, nos centramos en cómo hay que estudiarlos a partir de los propios criterios de valoración del examen que indica la Consejería de Educación de la Junta de Andalucía, y que suelen ser similares a los de otras autonomías. También incluimos los criterios de otras comunidades, pero no de todas porque se nos haría interminable.

Esta parte también incluye una serie de consejos acerca de cómo estudiar los temas, cuestión que no es baladí porque el opositor está muy limitado por el tiempo disponible para realizarlo.

Esto nos lleva a siguiente punto, el "perfil" de cada opositor, su capacidad grafomotriz muy a tener en cuenta para que en el tiempo dado seamos capaces de tratar el tema elegido con una estructura adecuada a los criterios de evaluación que el tribunal va a usar en la corrección.

Es muy corriente el comentario de "mientras más sepas, más nota sacas y más posibilidades de obtener plaza tienes". Esto trae consigo, en muchas ocasiones, que el opositor se encuentre con "montañas de papeles" sin estructurar, sin saber si un documento reitera lo de otro, sin dominar la capacidad de síntesis ante tanto volumen de definiciones, clasificaciones, teorías, opiniones, etc.

La realidad es muy distinta. El opositor debe llevar preparado al menos veinticuatro documentos (para tener el 100% de que le va a salir en el sorteo un tema estudiado concienzudamente), con la información muy exacta de lo que le da tiempo a escribir correctamente desde todos los puntos: científico, legislativo, autores, estructura del propio examen, sintaxis, ortografía, etc.

Muchas veces nos han preguntado por el conocimiento de los tribunales, si están al día, etc. Nuestra respuesta ha sido siempre la misma: "sabrán más o menos de cada uno de los veinticinco temas, lo leerán con más o menos detenimiento, pero seguro que lo que más saben es corregir escritos porque lo hacen a diario en sus aulas, de ahí que debamos prestar la máxima atención a estos aspectos formales". Para ello añadimos al final una hoja-tipo.

Completamos este primer capítulo con una tabla de planificación semanal que debemos hacer desde un principio para "obligarnos" y seguirla con disciplina espartana, si de verdad queremos tener éxito.

b) Por otro, el Tema 5 totalmente actualizado a fecha de hoy. La persona opositora debe, una vez conozca el volumen de contenidos que es capaz de escribir, hacer un resumen equitativo de cada punto y "cuadrarlo" a su capacidad grafomotriz. A partir de aquí, a estudiarlo... pero escribiéndolo ya que la nota nos la van a poner por lo que escribamos y cómo expresemos esos contenidos. Pero, si en la comunidad donde nos examinemos, el escrito hay que leerlo al tribunal, de nuevo lo haremos, cuanto antes mejor, para ensayar la lectura y que determinadas palabras no se nos "atraganten".

CRITERIOS DE CORRECCIÓN Y EVALUACIÓN QUE SIGUEN LOS TRIBUNALES

Consideramos imprescindible saber **previamente** cómo nos va a evaluar el Tribunal para realizar el examen con respecto a los ítem que va a tener en cuenta. Aportamos varios **modelos** que han transcendido y que, básicamente, se diferencian en la **formulación** de las consideraciones y en su valoración, no en el **fondo**.

CRITERIOS DE EVALUACIÓN EN ANDALUCÍA.

La Consejería de Educación de la Junta de Andalucía informa a los sindicatos, en mayo de 2007, sobre un "borrador" de criterios de evaluación para el "Concurso Oposición al Cuerpo de Maestros 2007". Posteriormente, como pudimos comprobar esa convocatoria y las siguientes, estos criterios se hicieron "firmes".

Transcribimos literalmente los cinco puntos a considerar sobre el tema escrito:

CRITERIOS GENERALES TEMA ESCRITO

Estructura del tema.

- a) Presenta un índice.
- b) Justifica la importancia del tema.
- c) Hace una introducción del mismo.
- d) Expone sus repercusiones en el currículum y en el sistema educativo.
- e) Elabora una conclusión acorde con el planteamiento del tema.

Contenidos específicos.

- a) Adapta los contenidos al tema.
- b) Secuencia de manera lógica y clara sus apartados.
- c) Argumenta los contenidos.
- d) Profundiza en los mismos.
- e) Hace referencia al contexto escolar.

Expresión.

- a) Muestra fluidez en la redacción.
- b) Hace un uso correcto del lenguaje, con una buena construcción semántica.
- c) Emplea de forma adecuada el lenguaje técnico.

Presentación.

- a) Presenta el escrito con limpieza y claridad.
- b) Utiliza un formato adecuado teniendo en cuenta el apartado 4 del artículo 7.4.1. de la Orden de 24 de marzo de 2007, BOJA nº 60 del 26/03/2007.
  Nota: Se refiere a aspectos formales tales como no firmar el examen, entregarlo en un sobre con etiquetas, etc.

Bibliografía/Documentación.

- a) Fundamenta los contenidos con autores o bibliografía.
- b) Sitúa el tema en el marco legislativo pertinente.

La Consejería de Educación de la Junta de Andalucía informa a los sindicatos, en **junio de 2015**, sobre los criterios de evaluación para el "Concurso Oposición al Cuerpo de Maestros 2015". Transcribimos literalmente los cuatro puntos a considerar sobre el tema escrito:

CRITERIOS GENERALES A TENER EN CUENTA EN LA CORRECCIÓN DEL TEMA ESCRITO (JUNIO 2015).

1. Estructura del tema.

a) Secuencia de manera lógica y clara cada uno de los apartados del tema
b) Expone con claridad

2. Contenidos.

a) Argumenta y justifica científicamente los contenidos
b) Conoce y tarta con profundidad el tema
c) Realiza una transposición didáctica de la teoría expuesta a la práctica
d) Fundamenta los contenidos con autores y bibliografía que realmente hagan referencia al contenido en cuestión, así como a la normativa vigente

3. Expresión.

a) Redacta con fluidez
b) Usa correctamente el lenguaje y presenta una adecuada construcción sintáctica
c) Usa con propiedad el lenguaje técnico específico de la especialidad
d) No se aprecian divagaciones, reiteraciones, etc.

4. Presentación.

a) El ejercicio es legible: no hay que estar deduciendo qué quiere decir ni traduciendo el texto
b) Se observa limpieza y claridad en el ejercicio
c) Usa un formato adecuado

CRITERIOS GENERALES A TENER EN CUENTA EN LA CORRECCIÓN DEL TEMA ESCRITO
(Comunidad de Castilla-La Mancha)

Los criterios de evaluación del tema escrito (Comunidad de Castilla-La Mancha), que tuvieron los tribunales en cuenta en la convocatoria de 2007 y que fueron establecidos por la Comisión de Selección de la Especialidad de Educación Física, son:

CRITERIOS PARA EVALUAR EL TEMA ESCRITO. PARTE "A"	Puntuación
1.- Introducción, justificación, índice y mapa conceptual.	(MÁXIMO 1,5 puntos)
2.- Contenidos específicos	
2.1.-Trata todos los epígrafes del tema. 2.2.- Adecuación de los contenidos al tema. Los contenidos se ajustan al tema. 2.3.- Profundización de los mismos. 2.4.- Organización lógica y clara en cada punto. Atendiendo al índice. 2.5.- Argumentación de los contenidos. 2.6.- Referencia al contexto escolar. 2.7.-Relaciona con otros temas del currículum. 2.8.- Originalidad y creatividad en el tema.	(MÁXIMO 6,5 puntos)
3.-Bibliografía	
3.1.- Bibliografía específica del tema. Cita autores y hace referencias bibliográficas. 3.2.- Aspectos legislativos. Hace referencia a la legislación nacional y autonómica.	(MÁXIMO 0,75 puntos)
4.- Conclusión y valoración personal	(MÁXIMO 0,75 puntos)
5.- Aspectos formales. Presentación, estructura, organización, uso de vocabulario técnico.	(MÁXIMO 0,5 puntos)
6.- Errores	
a. Divagaciones b. Faltas de ortografía c. Errores garrafales	SE VALORARÁ NEGATIVAMENTE POR PARTE DEL TRIBUNAL
Total	10 Puntos.

OTROS CRITERIOS GENERALES A TENER EN CUENTA EN LA CORRECCIÓN DEL TEMA ESCRITO

Otros tribunales siguieron unos criterios de evaluación del examen escrito como los que ahora reflejamos:

		CRITERIOS PARA EVALUAR EL TEMA ESCRITO	
1		Introducción, índice y mapa conceptual	Máximo 1 punto
2		Nivel de contenidos	Máximo 5 puntos
	2.1.	Trata todos los epígrafes del tema	
	2.2.	Los contenidos se ajustan al temario	
	2.3.	Relaciona con otros temas del curriculum	
	2.4.	Hace referencia a la legislación nacional y autonómica	
	2.5.	Cita autores y/o referencias bibliográficas	
3		Aspectos formales: presentación, estructura, organización, vocabulario y ortografía	Máximo 3 puntos
4		Conclusión, valoración personal y bibliografía	Máximo 1 punto

Esta tabla tuvo su origen en la Convocatoria de Castilla La Mancha hace unos años. Sus criterios siguen vigentes.

Cuadro resumen de los Criterios de Evaluación	Temas A

1.- Contenidos específicos
   a. Adecuación de los contenidos al tema.
   b. Profundización de los mismos.
   c. Organización lógica y clara en cada punto (Índice).
   d. Argumentación de los contenidos.
   e. Referencia al contexto escolar.
   f. Originalidad y creatividad en el tema.
	2,75 puntos

2.- Introducción y conclusión
   a. Justificación de la importancia del tema.
   b. Repercusiones en nuestra área y en el Sistema Educativo.
   c. Buena introducción del tema.
   d. Conclusión.
	0,5 puntos

3.- Expresión
   a. Fluidez del discurso.
   b. Buena redacción, sin errores sintácticos, redundancias...
   c. Uso del lenguaje técnico.
	1 puntos

4.- Presentación
   a. Limpieza y claridad.
   b. Formato con variedad de recursos (gráficos, sangrías, diferenciación entre títulos, subtítulos, contenidos, esquema, etc.)
	0,5 puntos

5.- Bibliografía
   a. Bibliografía específica del tema.
   b. Aspectos legislativos.
	0,25 puntos

Penalizaciones
   a. Divagaciones
   b. Faltas de ortografía
   c. Errores garrafales
	A restar según criterio del propio tribunal

Totales	5 Ptos.

En 2013, la Convocatoria de Castilla-La Mancha incluían estos criterios:

PARTE 1B *DESARROLLO DE UN TEMA DE LA ESPECIALIDAD*	PESO ESPECÍFICO
1. Estructurar el tema de forma coherente, secuenciada, justificada y equitativa con todos los apartados.	25%
2. En relación a los contenidos desarrollados, responder al tema planteado, adaptándose al currículum, con aportaciones teórico-prácticas, siendo funcional para la práctica docente.	40%
3. Ser original y creativo en el desarrollo del tema, estableciendo conexiones con otros contenidos del currículum, con aportaciones personales fundamentadas que revelan la creación propia e inédita del mismo.	15%
4. El tema será afín a unas bases teóricas, a una fundamentación científica de la que parte el currículum, al tiempo que aporta ideas nuevas.	5%
5. Mostrar una lectura fluida y comprensible, con una actitud transmisora y un desarrollo expositivo que se ciñan al tema.	15%

CONSEJOS SOBRE CÓMO ESTUDIAR LOS TEMAS. ESTRATEGIAS.

Exponemos una serie de consejos que solemos dar a nuestros opositores:

- Cada uno tiene un "método" que ha experimentado durante su vida de estudiante, sobre todo a nivel universitario, de ahí que nuestra influencia sea relativa. No obstante, muchos nos reconocen que "*nunca hemos estudiado en profundidad hasta comenzar a prepararnos las oposiciones*".

- Reconocemos que hay **múltiples** formas de estudio. Hemos tenido opositores que necesitaban estar tumbados, otros sentados y en total silencio, otros tenían que tener forzosamente una tenue música de fondo, etc. Es decir, existen muchas maneras con más o menos **dependencia/independencia** de **campo**.

- Unos precisan **luz** natural, otros luz blanca o azul, con flexo cercano o con la de la lámpara del techo…

- Hay quien prefiere estudiar a base de **resúmenes** hechos en un procesador de textos y otros, en cambio, tenían que estar a mano.

- Muchos prefieren **grabar** verbalmente los contenidos para reproducirlos cuando viaja, corre, nada o anda y así aprovechar estos "tiempos muertos".

- Otros requieren **gráficos** y mapas conceptuales. Incluso, hemos tenido los que preferían hacer un póster-esquema y colgarlo a la pared para leerlo de pie…

- Otro grupo lo conforman aquellos que prefieren subrayar o señalar los puntos clave con rotulador marcador tipo fluorescente, otros a lápiz... Eso sí, lo señalado debe tener encadenamiento o cohesión interna para verterlo, ya redactado, en el examen, de ahí que **debamos estudiar escribiendo**, porque el examen escrito trata de ello.

- Debemos usar bolígrafos de gel por ser más rápidos en su trazo y papel tamaño A4, que es el que nos van a proporcionar el día del examen. Ojo a los tipos de **bolígrafos permitidos** por los tribunales, debemos estar muy atentos a lo que nos dicen el día de la **presentación**. Independientemente de ello, debemos acostumbrarnos a poner el folio directamente sobre la superficie dura de la mesa, ya que así la velocidad de escritura es superior que si lo situamos encima de otros folios porque éstos hacen que el espacio de apoyo nos frene por ser más blando. Un **reloj** para controlarnos los tiempos es imprescindible también.

- En cualquier caso, no sería bueno estudiar más de dos horas seguidas, sobre todo si estamos sentados. Ello, normalmente, acarrea contracturas dorso-lumbares, en los miembros inferiores, etc. con el consiguiente dolor y molestia. Lo mismo podemos decir a nivel de nuestra visión.

- Realizar **actividad física o deportiva** varias veces a la semana es muy aconsejable por simple razón de compensación y revitalización personal.

- Es bueno, pues, cada dos horas aproximadamente, hacer un **alto horario** de 8-10 minutos para despejarnos mentalmente y estirarnos físicamente. Beber **agua** y la ingesta de **fruta** suele ser positivo. Esto es extensible al día del examen de la oposición.

- No obstante, si la convocatoria nos dice que el escrito durará más de este tiempo, debemos paulatinamente aumentar las dos horas hasta llegar al **tope** marcado.

- Siempre recomendamos realizar una **planificación** semanal personalizada, que regule nuestro **tiempo** destinado al estudio (avance y repaso de los temas del escrito, casos prácticos, exposición oral), al trabajo, deporte, ocio, obligaciones familiares, etc. Ver tabla/ejemplo en la página siguiente.

- **¿Cuánto tiempo dedicar al estudio?** No podemos dar "recetas" pues depende del nivel previo de cada opositor. Hay quien trae excelentes aprendizajes previos de la carrera y hay quien ese nivel lo trae demasiado básico. Otros ya tienen experiencias en oposiciones, etc. Así pues cada uno debe auto regularse en función de sus capacidades y sus circunstancias personales. Genéricamente podemos indicar que, al menos, 4-6 horas/día divididas por un descanso de 10-15 minutos puede ser un estándar adecuado. A partir de ahí, personalizar en función del avance o no obtenido.

- Siempre debemos tener un "**molde personal**" en función de la capacidad grafomotriz, habida cuenta el **ahorro** de tiempo y energía que nos supone seguir esta estrategia.

- De cualquier forma, debemos respetar el dicho popular "*lo que no se recuerda, no se sabe*", de ahí **memorizar comprensivamente** lo más significativo.

- La **memoria**, al igual que ocurre con la condición física, se mejora ejercitándola con frecuencia.

- Tan importante es memorizar un tema nuevo como no olvidar los ya aprendidos, por lo que es necesario **consolidar**, repasando, lo estudiado. Comprobar que dominamos temas anteriores mejora nuestra capacidad de auto concepto.

- De ahí la importancia de estudiar teniendo delante nuestro **resumen personalizado** y olvidarnos de aumentar los contenidos del tema porque, además de crearnos inquietudes, posiblemente no podamos reflejar todo lo que sabemos en el tiempo que tenemos de examen.

Mostramos en el siguiente **gráfico** un claro y rápido ejemplo de cómo auto planificarse el estudio durante la semana a partir de tres **módulos** diarios:

EJEMPLO DE PLANIFICACIÓN SEMANAL-TIPO
Combinación de estudio-repaso-programación-UU.DD.-prácticos-trabajo profesional-descanso

LUNES MAÑANA	MARTES MAÑANA	MIÉRCOLES MAÑANA	JUEVES MAÑANA	VIERNES MAÑANA	SÁBADO MAÑANA	DOMINGO MAÑANA
TRABAJO	Estudio tema nuevo semana	TRABAJO	Repaso tema nuevo	TRABAJO	Casos Prácticos	Libre
TRABAJO	Estudio tema nuevo semana	TRABAJO	Programación	TRABAJO	Casos Prácticos	Libre
TARDE	TARDE	TARDE	TARDE	TARDE	TARDE	TARDE
Estudio tema nuevo semana	Programación	Repaso temas anteriores	UU. DD.-U.D.I.	Sesión de clase con preparador	Repaso temas anteriores	Repaso temas anteriores

RECOMENDACIONES PARA LA REALIZACIÓN DEL EXAMEN ESCRITO. ESTRATEGIAS.

NOTA: Muchos de los consejos que ahora damos, sobre todo los relacionados con la presentación, escritura, etc. son también aplicables a la realización por escrito de los casos prácticos, si los hubiera.

En las convocatorias anteriores se ha comprobado que la mayoría de aprobados en el examen escrito tenían **buena letra**, además de contenidos notables. Efectivamente, entre los criterios de evaluación que utilizan los tribunales hay algunos puntos destinados a la **presentación** que no podemos desechar. Incluso, si la Orden de la Convocatoria indica que el opositor deberá **leer** su propio **examen** ante el tribunal, éste suele comprobar posteriormente su estructura, sintaxis, ortografía, etc.

No llegar a tiempo a los llamamientos supone la primera **precaución** a tomar. En ocasiones, las instalaciones donde se celebran las oposiciones se ven saturadas desde varios kilómetros antes de llegar. A ello hay que sumar el tiempo para aparcar, buscar el aula asignada, etc. **Llegar tarde** puede suponer la **no presentación** y la consiguiente **eliminación**.

Gracias a las observaciones hechas por los tribunales de años anteriores y por los criterios de evaluación que han transcendido, estamos en disposición de apuntar una serie de anotaciones a considerar por las personas opositoras durante su periodo de preparación con nosotros. Habitualmente los tribunales reservan parte de la nota total para los **aspectos "formales"** del examen, que ahora comentamos. Esto es de vital importancia porque dos opositores con igual cantidad y calidad de contenidos, sacará mejor nota quien mejor lo presente. Ante ello, reservar algunos minutos para poder **revisar** el examen antes de entregarlo, teniendo en cuenta lo siguiente:

- Nadie aprueba con **mala letra**. Igual decimos de la presentación y limpieza.
- Esto lo hacemos extensivo a las faltas de **ortografía**, acentuación, mala **sintaxis**, incorrecciones **semánticas**, **expresión** y **redacción**, **vulgarismos**, **repetir la misma palabra** continuadamente, **tachones**, suciedad, etc. No podemos "escribir igual que hablamos". También, no poner el número del tema elegido o su título. Otro error habitual es el mal uso de los puntos, bien seguido, bien aparte.
- Debemos escribir por **una carilla** -al menos que el tribunal indique otra cosa- con letra más bien grande para facilitar su lectura. No poner detalles como "no recuerdo..."; "creo que..."; "no me da tiempo..."; "me parece que es...".
- La **media de folios** (carillas o páginas) que suelen hacer nuestros preparados están entre **14 y 16**, con **17-22 renglones** cada una (20 lo habitual) y **9 palabras/renglón**, teniendo en consideración unos **márgenes laterales** y **superior e inferior** de 2 a 2'5 centímetros. No obstante, conforme avanza la preparación y la habilidad para escribir este tipo de examen, hay quien aumenta el volumen de páginas de manera significativa, pero siempre manteniendo y respetando los criterios de evaluación que suelen tener los tribunales: letra, limpieza, construcción semántica, ortografía, etc. Si preferimos escribirlo en un procesador de textos, como puede ser "Word", el número de palabras suele estar alrededor de las 2400-2700, aproximadamente.
- Los **renglones** deben ser **paralelos** y siempre con el mismo **interlineado**. En caso de tener problemas para hacerlo, podemos llevarnos una **plantilla** ya hecha, como una hoja tamaño folio de cuaderno de rayas, o bien hacerla allí

mismo con lápiz y regla. Si tampoco pudiese ser (a veces los tribunales han hecho especial hincapié en "no entrar con plantilla, regla, etc."), nos esmeraríamos en la realización de la primera página, aunque tardásemos más tiempo, y ésta nos serviría como "falsilla" o planilla de renglones. Otro "**truco**" es hacerla a partir del **DNI** al que previamente le hemos hecho unas señales minúsculas con la anchura que deseamos. Éste nos sustituiría a la regla.

- No se puede ser "loco o loca" escribiendo. Para ello es importante el **entrenamiento** durante el periodo de preparación. De ahí surge la **automatización** de todos estos aspectos, además del sangrado, márgenes, etc. No poner abreviaturas.
- Por otro lado debemos **numerar** las hojas, incluso algunos lo hacen poniendo "1 de 15; 2 de 15...".
- La utilización de **dos colores** de tinta **no** suele estar **permitido**, como tampoco subrayados para señalizar los títulos, epígrafes, ideas fundamentales, etc., al menos que el tribunal exprese lo contrario. En todo caso, **preguntar** al tribunal antes de empezar si es posible su uso, así como de tippex. También si se pueden poner gráficos, flechas, tablas, etc., si el tribunal lo permite, pero la Orden de la Convocatoria suele prohibirlo por considerarlo posible "**señal**". Un **bolígrafo** tipo **gel** y apoyarnos sobre un **superficie dura** para que éste se deslice mejor, nos permite mayor velocidad de escritura manteniendo su calidad. Quienes suelen hacer tachaduras, previendo que no les dejen usar tippex, pueden optar por un **bolígrafo borrable por fricción** (marca Pilot o similar) que elimina cualquier rastro de su propia tinta. No obstante, determinados "bolígrafos rápidos" que se basan en tinta tipo gel, suelen ser peor para opositores **zurdos**, por razones obvias. Recordamos la necesidad de seguir exactamente las **instrucciones** que nos dé el tribunal al respecto, habida cuenta tenemos experiencias sobre la **anulación** de exámenes por el uso de este tipo de herramienta de escritura.
- No olvidemos que la mayoría de los títulos de los temas tienen tres puntos, por lo que debemos **dividir** la totalidad de materia que escribamos en tres partes similares. De esa forma, evitamos exponer mucho contenido de una parte en perjuicio de otra. Así pues, normalmente haremos tres puntos con varios sub-puntos cada uno buscando la conexión entre los mismos. Además, pondremos el **índice** al principio, tras el título, **introducción**, **conclusiones**, **bibliografía** -que incluye la legislación- y webgrafía. En **resumen**, queda muy bien, limpio y "amplio", la estructuración del examen de esta manera:

    - **Título** del Tema. 1ª página. Mayúsculas y en una única página.
    - **Índice**. 2ª página. En una sola página.
    - **Introducción**. 3ª y 4ª página. Debe tener cierta peculiaridad con objeto de atraer la curiosidad del corrector. Nombrar los descriptores del título y en cada uno dar una o dos referencias del mismo. Podemos "presentarlo" a través de su importancia en el currículo y citar sus referencias legislativas. Usar, preferentemente, dos páginas.
    - **Apartados o descriptores** y los sub-apartados. 5ª página. Es el eje alrededor del cual gira la nota relativa a los contenidos. Incluye definiciones, clasificaciones, teorías, líneas metodológicas, referencias curriculares, aplicaciones prácticas, actividades, etc., todo ello citando a autores y normativa que luego quedarán reflejados en la bibliografía, pero con una redacción técnica. En cualquier caso debemos marcar claramente cuándo finalizamos el primer punto y comenzamos el siguiente. Si somos "olvidadizos", podemos dejar un interlineado relativamente amplio por si nos acordamos después de algún detalle olvidado y deseamos incorporarlo sin tachones.

- **Conclusiones.** Lo más notable que hemos tratado, los puntos clave. Al ser lo último que el corrector lee, deben estar muy cuidadas porque puede influir decisivamente en la nota.
- **Bibliografía.** Reseñar algún libro "comodín" y de los autores nombrados anteriormente. También la legislación significada.
- **Webgrafía.** Alguna general, como revistas digitales, o específica.

En cualquier caso, es **imprescindible** conocer los **criterios de evaluación** que van a seguir los tribunales, máxime si son públicos, como viene ocurriendo en varias comunidades autónomas, y en Andalucía de forma más concreta, tal y como hemos citado en el capítulos anteriores. Debemos, pues, hacer caso de ellos y citar o desarrollar todos los **aspectos** que los criterios mencionan.

Precisamente, el tiempo no lo podemos "regalar" ni despreciar, por lo que si terminamos el examen y aún quedan cinco o diez minutos, debemos **repasar** lo escrito por si se nos ha olvidado algo relevante o no hemos puesto la debida atención a las faltas gramaticales, sesgos sexistas, escritura con "códigos SMS", etc. Así pues, debemos agotar el tiempo subsanando cualquier error.

Si la preparación ha sido buena, nada más hacerse el sorteo de los temas, debemos decidirnos por uno. Inmediatamente nos concentramos y empezamos a desarrollarlo, porque debemos ya tener "**automatizada**" su escritura. Si empezamos a dudar, comenzamos a perder el escaso tiempo que nos dan.

En caso de haber estudiado con "**esquemas**", lo mejor sería hacernos uno en sucio para usarlo como guía en la redacción del examen. Este folio nos sirve también para tomar notas, para ir estructurando el tema, etc. Pero, repetimos, la escritura del tema debemos tenerla automatizada porque si no perdemos el tiempo. Esta hoja la destruiríamos al terminar.

Si hemos preparado una introducción, conclusiones, bibliografía y webgrafía "estándar", podemos irlas escribiendo en el llamado "**tiempo perdido**" que suele haber desde que nos dan los folios hasta que sortean los números de los temas. Después podemos añadir los rasgos específicos del tema ya elegido.

Nuestros preparados suelen preguntarnos por la expresión a usar. Aconsejamos el "**plural mayestático**" (*nosotros, ahora vemos, podemos seguir, observamos*, etc.)

Otro aspecto importante es la **elección** del tema de entre los sorteados. Debemos hacer el que dominemos mejor, el que ya lo hayamos escrito muchas veces durante la preparación, el que nos garantice escribir más folios, en suma, el que nos dé más seguridad.

No olvidar llevarse **agua** y alguna pieza de **fruta**. Normalmente a finales de junio suele hacer mucho **calor** y la sensación de éste aumenta con la tensión del examen.

Ahora adjuntamos una **hoja con un resumen** de los **aspectos formales** del examen escrito del tema, aunque aplicable también a la redacción de los **casos prácticos**.

MODELO ESTÁNDAR DE PRESENTACIÓN PARA PRUEBA ESCRITA

2.- COORDINACIÓN Y EQUILIBRIO EN LA INICIACIÓN AL FÚTBOL ESCOLAR

2.1. CONCEPTUALIZACIONES PRELIMINARES.

Desde un primer momento es adecuado tener en cuenta que cualquier movimiento, por mínimo que sea, requiere coordinación y equilibrio adecuados. Por ejemplo, abrir y cerrar una mano conlleva que una serie de grupos musculares realicen (agonistas) la acción y que otros se relajen (antagonistas) para que aquéllos puedan actuar, así como que otros grupos estabilicen (fijadores) los de la muñeca para que lo anterior pueda tener lugar (Téllez, 2014).

La coordinación nos permite hacer lo pensado, es decir, realizar la imagen mental que nos hemos hecho, el esquema motor. Está íntimamente ligada a las habilidades y destrezas básicas a través de su relación con la coordinación dinámico general y la coordinación óculo-segmentaria, respectivamente (Mateos y Garriga, 2015).

Precisamente, las edades porpias de la Primaria son las más críticas para el desarrollo de las capacidades coordinativas (Bugallal, 2011).

Si nos fijamos atentamente en un partido de fútbol podemos observar numerosas acciones diferentes y que, mal hechas, pueden producir lesiones, como dejinse:

a) Carreras
b) Saltos
c) Giros
d) Lanzamientos

Todos ellos con infinidad de VARIANTES. Para que todos esos gestos "salgan bien" ~~havrá~~ habrá sido necesario un director que regule todos los mov. Esta es la función del sistema nervioso.

- 20 -

PARTES ESTÁNDARES A TODOS LOS TEMAS.

Muchas de las personas que preparamos tienen **problemas** por la falta de tiempo o de, simplemente, por ser poco capaces de aprender **introducciones, conclusiones, bibliografías, legislación y webgrafía** de cada uno de los temas.

Uno de los **remedios** para no "castigar" la memoria es confeccionarse unos "**estándares**" o "**comunes**" que den servicio a estos apartados.

Si a ello le unimos la racionalidad en la confección del Índice, a partir de los tres o cuatro apartados o descriptores del título del tema, hemos ahorrado un esfuerzo a nuestra memoria.

Así pues, vamos a dar una serie de **consejos** para que cada persona lectora los elabore de una forma sencilla pero eficaz unos textos usuales, si bien deberíamos a continuación podríamos **complementarlos** con unos **rasgos específicos** del tema que, prácticamente, nos vienen dado por el **título** del tema que nos escribirá el tribunal en la pizarra de la sala de examen. Por ejemplo, si la Introducción la hacemos en dos páginas, los aspectos comunes pueden suponer entre el 60-75 %, es decir, página y un tercio de la siguiente. Si la Conclusión la hacemos en una única, las tres cuartas partes podemos dedicarla a los textos estandarizados y el resto a los concretos del tema escrito.

INTRODUCCIONES COMUNES A TODOS LOS TEMAS

Cuando hemos hablado con los componentes de los tribunales, habitualmente nos indican que suelen fijarse en el "detalle" de si el opositor ha puesto desde el principio o no **referencias** a la **legislación actual**, debido a que suelen entender que cualquier tema debe redactarse **a partir** de las leyes educativas, decretos y órdenes que las desarrollan. Así pues, debemos hacer mención, **respetando su jerarquía**, de:

- Ley Orgánica 8/2013, de 9 de diciembre, para la mejora de la calidad educativa (LOMCE). B.O.E. nº 295, de 10/12/2013.
- Ley Orgánica 2/2006, de 3 de mayo, de Educación (LOE). B.O.E. nº 106 del 04/06/2006. (Modificada por la LOMCE/2013).
- Ley 17/2007, de 10 de diciembre, de Educación en Andalucía. B.O.J.A. nº 252, de 26/12/2007.
- M. E. C. (2014). *Real Decreto 126/2014, de 28 de febrero, por el que se establece el currículo básico de la Educación Primaria.* B. O. E. nº 52, de 01/03/2014.
- M.E.C. (2015). *Orden ECD/65/2015, de 21 de enero, por la que se describen las relaciones entre las competencias, los contenidos y los criterios de evaluación de la educación primaria, la educación secundaria obligatoria y el bachillerato.* B.O.E. nº 25, de 29/01/2015.
- JUNTA DE ANDALUCÍA (2015). *Decreto 97/2015, de 3 de marzo, por el que se establece la ordenación y el currículo de la educación Primaria en la comunidad Autónoma de Andalucía.* BOJA nº 50 de 13/013/2015.
- JUNTA DE ANDALUCÍA (2015). *Orden de 17 de marzo de 2015, por la que se desarrolla el currículo correspondiente a la educación Primaria en Andalucía.* BOJA nº 60 de 27/03/2015.

No obstante, entendemos que sería un buen detalle **citar** también a las **Competencias Clave**, habida cuenta su importancia a partir de la publicación de la LOE/2006, actualizada por la LOMCE/2013.

Igualmente podemos hacer mención a la legislación correspondiente a la evaluación o a la relacionada con la atención a la **diversidad**, pero tanto texto no nos cabe, de ahí la necesidad de **sintetizar** la información que consideremos más representativa.

Otra línea es plasmar alguna "**frase hecha**", como "*enseñar Educación física con éxito supone diseñar una programación coherente con el contexto, disponer de un amplio abanico de estrategias didácticas, generar un clima de clase que invite al aprendizaje, utilizar adecuadamente los recursos materiales y tecnológicos e integrar la evaluación en el proceso de aprendizaje*" (Blázquez y otros, 2010).

Otro ejemplo puede ser: "*Uno de los fines genéricos que persigue la Educación Física escolar es el de favorecer la ubicación personal del alumno/a en la sociedad, en una cultura corporal donde la escuela proporcione al alumnado los medios apropiados para su acceso y, en consecuencia, conseguir los beneficios que de ella pueden conseguir: desarrollo personal; equilibrio psicofísico; mejorar la salud; disfrutar del tiempo de ocio; etc., así como el desarrollo de la autonomía personal ante las influencias que imponen los nuevos mitos sociales*". "*El cuerpo y el movimiento como ejes básicos de nuestra acción educativa*"; "*el área de Educación Física se muestra sensible a los acelerados cambios que experimenta la sociedad…*"; "*la importancia de las relaciones interpersonales que se generan alrededor de la actividad física permiten incidir en la asunción de valores como el respeto, la aceptación, la cooperación…*", procedentes de legislaciones pasadas, como el R. D. 1513/2006, pero de plena actualidad por la temática expresada.

Posteriormente, en la Introducción debemos hacer referencias a la materia que trata el tema elegido, lo que antes hemos referenciado como "rasgos específicos". Esto nos resulta fácil con un poco de práctica, simplemente comentando una o dos líneas a partir del título del tema que el tribunal detalla en la pizarra. No obstante, el sentido de lo que expresemos debe ir encaminado a lo que "vamos a tratar en el desarrollo del tema…"

CONCLUSIONES COMUNES A TODOS LOS TEMAS

Si en las introducciones se basan en lo que "vamos a estudiar en el tema…", con las Conclusiones ocurre al contrario: "a lo largo del tema hemos visto (escrito, estudiado, tratado, etc.) la importancia de…" Para ello podemos **actuar** como antes, es decir, un par de **párrafos comunes** a todas las temáticas. Por ejemplo, "la trascendencia del conocimiento del propio cuerpo, vivenciándolo y disfrutándolo, además de respetarlo". Otra posibilidad es incluir un párrafo basándonos en algunos ejemplos de estos textos **estandarizados**:

"*Todos los niños y niñas tienen el derecho a una educación de calidad que permita su desarrollo íntegro de sus posibilidades intelectuales, físicas, psicológicas, sociales y afectivas*" (Decreto 328/2010). "*Entendemos la etapa de primaria como fundamental para el desarrollo de las capacidades motrices del alumnado y donde el docente debe observar las deficiencias de éstos para corregirlas lo más rápidamente posible*".

En Andalucía, la O. 17/03/2015, indica que: "*la Educación Física es un área en la que se optimizan las capacidades y habilidades motrices sin olvidar el cuidado del cuerpo, salud y la utilización constructiva del ocio. En Educación física se producen relaciones de cooperación y colaboración, en las que el entorno puede ser estable o variable, para conseguir un objetivo o resolver una situación. La atención selectiva, la interpretación de las acciones de otras personas, la previsión y anticipación de las propias acciones teniendo en cuenta las estrategias colectivas, el respeto de las normas, la resolución de problemas, el trabajo en grupo, la necesidad de organizar y adaptar las respuestas a las variaciones del entorno, la posibilidad de conexión con otras áreas, el juego como herramienta primordial, la imaginación y creatividad".*

Posteriormente plasmamos algunos rasgos de lo más característico que hemos escrito durante la redacción del tema escogido. Realmente se trata de que destaquemos lo más trascendental de cada uno de los apartados de los descriptores del título, pero con información nueva, expresando que "a lo largo del tema hemos visto la importancia de…" o "hemos indicado en la redacción del tema los conceptos, clasificaciones, didáctica de…".

BIBLIOGRAFÍA COMÚN A TODOS LOS TEMAS

Hay quien diferencia **bibliografía** de **legislación**. Nosotros, al estar ambos documentos en formato papel, lo **unificamos**.

Evidentemente cada tema tiene una serie de volúmenes principales o monográficos de apoyo, pero también está muy claro que hay una serie de **libros generales de didáctica** que vienen muy bien tenerlos en cuenta para ponerlos en la mayoría de los temas. Son las publicaciones que habitualmente se manejan en las facultades de Magisterio. Los tribunales suelen valorar más ediciones de los **últimos años**, aunque siempre habrá libros "clásicos", sobre todo las **monografías** de conocidos autores y que son muy **específicas** de los **temas**. Por ejemplo, Delgado Noguera en temas relacionados con la metodología y organización; Blázquez con evaluación y con la iniciación deportiva; Rigal en motricidad, etc.

Algunos ejemplos de bibliografía **común**, es decir, libros que prácticamente en su totalidad tratan **todas** las **materias** de los veinticinco temas, son:

ADAME, Z. y GUTIÉRREZ DELGADO, M. (2009). *Educación Física y su Didáctica. Manual de Programación.* Fondo Editorial de la Fundación San Pablo Andalucía CEU. Sevilla.

ARRÁEZ, J. M.; LÓPEZ, J. M.; ORTIZ, Mª M. y TORRES, J. (1995). *Aspectos básicos de la Educación Física en Primaria. Manual para el Maestro.* Wanceulen. Sevilla.

BLÁZQUEZ, D.; CAPLLONCH, M.; GONZÁLEZ, C.; LLEIXÁ, T.; (2010). *Didáctica de la Educación Física. Formación del profesorado.* Graó. Barcelona.

CAÑIZARES, J. Mª y CARBONERO, C. (2009). *Currículum de Educación Física en Primaria para Andalucía.* Wanceulen. Sevilla.

CAÑIZARES, J. Mª y CARBONERO, C. (2009). *Currículum de Educación Física en Primaria.* Wanceulen. Sevilla.

CHINCHILLA, J. L. y ZAGALAZ, M. L. (2002). *Didáctica de la Educación Física.* CCS. Madrid.

CONTRERAS, O. R. y GARCÍA, L. M. (2011). *Didáctica de la Educación Física. Enseñanza de los contenidos desde el constructivismo.* Síntesis. Madrid.

CONTRERAS, O. y CUEVAS, R. (2011). *Las Competencias Básicas desde la Educación Física*. INDE, Barcelona.

FERNÁNDEZ GARCÍA, E. -coord.- (2002). *Didáctica de la Educación Física en la Educación Primaria*. Síntesis. Madrid.

FERNÁNDEZ GARCÍA, E. -coord.- CECCHINI, J. A. y ZAGALAZ, Mª L. (2002). *Didáctica de la educación física en la educación primaria*. Síntesis. Madrid.

GALERA, A. D. (2001). *Manual de didáctica de la educación física. Una perspectiva constructivista moderada*. Vol. I y II. Paidós. Barcelona.

GIL MORALES, P. (2001). *Metodología didáctica de las actividades físicas y deportivas*. Fundación Vipren. Cádiz.

SÁENZ-LÓPEZ, P. (2002). *La Educación Física y su Didáctica*. Wanceulen. Sevilla.

SÁNCHEZ BAÑUELOS, F. (1996) *Bases para una Didáctica de la Educación Física y los Deportes*. Gymnos. Madrid.

SÁNCHEZ BAÑUELOS, F. y FERNÁNDEZ, E. -coords.- (2003). *Didáctica de la Educación Física para Primaria*. Prentice Hall.

SÁNCHEZ GARRIDO, D. y CÓRDOBA, E. (2010). *Manual docente para la autoformación en competencias básicas*. C.E.J.A. Málaga.

VICIANA, J. (2002). *Planificar en Educación Física*. INDE. Barcelona.

VILLADA, P. y VIZUETE, M. (2002). *Los Fundamentos teóricos-didácticos de la Educación Física*. Secretaría General Técnica del M. E. C. D. Madrid.

VV. AA. (2008). *Colección de manuales de atención al alumnado con necesidades específicas de apoyo educativo*. (10 volúmenes). C. E. J. A. Sevilla.

ZAGALAZ, Mª L.; CACHÓN, J.; LARA, A. (2014). *Fundamentos de la programación de Educación Física en Primaria*. Síntesis. Madrid.

Esta relación, o parte de ella, no debe aparecer en exclusiva. Antes que nada debemos recordar que es muy conveniente **reseñar autores y año** de publicación **durante** la **redacción** de los diversos apartados o descriptores. Esto, obviamente, nos obliga a incluirlos en la bibliografía "específica" de cada tema. Por ejemplo, en los temas relacionados con la psicomotricidad (7 – 9 – 10 – 11) recomendamos citar a:

RIGAL, R. (2006). *Educación motriz y educación psicomotriz en Preescolar y Primaria*. INDE. Barcelona.

SASSANO, M. (2015). *El cuerpo como origen del tiempo y del espacio. Enfoques desde la Psicomotricidad*. Miño y Dávila editores. Buenos Aires.
TAMARIT, A. (2016). *Desarrollo cognitivo y motor*. Síntesis. Madrid.

Hay una serie de **documentos legislativos** "obligatorios" porque, entre otras cosas, los hemos debido referir en el examen escrito. Además, debemos reseñar otros **específicos** de los temas. Por ejemplo, si tratamos la "evaluación", debemos anotar la Orden de 4 de noviembre de 2015, por la que se establece la ordenación de la evaluación del proceso de aprendizaje del alumnado de educación Primaria en la Comunidad Autónoma de Andalucía.

La legislación general ya la hemos indicado en el apartado anterior sobre "Introducciones comunes", aunque referida a Andalucía. **Cada persona opositora debe adecuarla a la comunidad autónoma donde se presente**.

WEBGRAFÍA COMÚN A TODOS LOS TEMAS

Hoy día muchas de nuestras fuentes consultadas se encuentran en **Internet**, de ahí que debamos señalar algunas **webs fiables**. Nos inclinamos por revistas electrónicas de prestigio en la didáctica general y en la educación física en particular, así como a los portales de las propias **consejerías** de educación de la comunidades autónomas. Todas ofrecen recursos didácticos, experiencias… y legislación aplicada.

Algunos ejemplos, son:

http://www.agrega2.es
http://recursos.cnice.mec.es/edfisica/
http://www.ite.educacion.es/es/recursos
http://www.educarm.es/admin/recursosEducativos#nogo
www.juntadeandalucia.es/educacion/descargasrecursos/curriculo-primaria/index.html
http://www.gobiernodecanarias.org/educacion/webdgoie/
http://www.educarex.es/web/guest/apoyo-a-la-docencia
http://www.catedu.es/webcatedu/index.php/recursosdidacticos
http://www.adideandalucia.es

TEMA 5

LA SALUD Y LA CALIDAD DE VIDA. HÁBITOS Y ESTILOS DE VIDA SALUDABLES EN RELACIÓN CON LA ACTIVIDAD FÍSICA. EL CUIDADO DEL CUERPO. AUTONOMÍA Y AUTOESTIMA.

INDICE

INTRODUCCIÓN

1. LA SALUD Y LA CALIDAD DE VIDA.

2. HÁBITOS Y ESTILOS DE VIDA SALUDABLES EN RELACIÓN CON LA ACTIVIDAD FÍSICA.

    2.1. El estilo de vida saludable.

    2.2. Modelos de Educación Física Salud.

    2.3. La actividad física saludable y sus efectos psicofísicos.

    2.4. Relación del currículo de educación física con la creación de hábitos y estilos de vida saludables.

3. EL CUIDADO DEL CUERPO.

4. AUTONOMÍA Y AUTOESTIMA.

    4.1. Autonomía.

    4.2. Autoestima.

CONCLUSIONES

BIBLIOGRAFIA

WEBGRAFÍA

INTRODUCCIÓN.

Que la Educación Física es un medio indispensable para mejorar la salud e higiene corporal es un hecho evidente para todos los teóricos desde la Grecia Antigua hasta la actualidad, incluso algunos como Galeno, Aristóteles o Mercurial entienden que son sus únicos objetivos, por lo que la colocan junto a la Medicina (Fernández García -coord.-, 2002).

Salud y ejercicio físico constituyen un binomio indisociable que otorga una significación incuestionable a la labor educativa del especialista en Educación Física y justifica la presencia de esta materia dentro del currículum (Rodríguez García, 2006). La Educación Física en particular persigue, entre otros **objetivos**, mejorar los hábitos de higiene y salud de la población. Precisamente, Navarro (2007), destaca el enfoque de la salud como una de las características de las últimas tendencias en la Educación Física de finales de siglo XX e inicio del siglo XXI.

"*La adquisición de hábitos de vida saludable que favorezcan un adecuado bienestar físico, mental y social*", así como "*la utilización responsable del tiempo libre y del ocio, así como el respeto al medio ambiente*", son capacidades prioritarias a conseguir durante la etapa (D. 97/2015).

La Constitución Española de 1978 recoge que es **obligación** de los poderes públicos fomentar la educación sanitaria, la educación física y el deporte, la utilización adecuada del ocio, la prevención, el tratamiento y la rehabilitación e integración de los discapacitados físicos, sensoriales y psíquicos, y, en suma, la **promoción** del bienestar y la calidad de vida de la población en general. La Ley 10/1990 de 15 de octubre, del Deporte, reconoce a la actividad físico-deportiva como "*elemento fundamental del sistema educativo y cuya práctica es importante en el mantenimiento de la salud del individuo*". El R. D. 126/2014 recoge estos temas para **impartirlos** en la Educación Obligatoria y Post-Obligatoria.

La actividad física contribuye a mejorar la **salud** física y psíquica de quien la realiza porque favorece la función de los distintos sistemas corporales y reduce la probabilidad de enfermedades cardiovasculares y degenerativas. Ahora bien, mal dirigida supone un riesgo serio, como también lo es un inadecuado cuidado del cuerpo, la falta de higiene corporal o de los espacios utilizados, etc. De ahí que desde nuestro ámbito debamos incidir en la práctica de **hábitos** saludables y en el cuidado del cuerpo.

Conocimiento, control y coordinación corporal hacen al individuo más **autónomo** y aumenta su capacidad de **autoestima**.

1. LA SALUD Y LA CALIDAD DE VIDA.

"*La salud es la situación de equilibrio físico y mental que permite el desarrollo de las capacidades de las personas en su ambiente natural y social, de forma que puedan trabajar productivamente y participar activamente en la vida social de la comunidad donde viven*" (O. 10/08/2007 por la que se desarrolla el currículo correspondiente a la E. S. O. en Andalucía). Es decir, el estado en el que el ser orgánico ejerce habitualmente todas sus funciones de forma eficaz. Esto implica tanto el funcionamiento normal del organismo como la ausencia de cualquier enfermedad física o psicológica. La acepción clásica de salud se construye en contraposición al de enfermedad y hoy día es un concepto **dinámico** (Fernández García -coord.-, 2002).

Calidad de vida "*es el conjunto de condiciones materiales y espirituales que determinan el bienestar efectivo de las personas, sus posibilidades, sus perspectivas individuales y su lugar en la sociedad*" (Zagalaz, Cachón y Lara, 2014).

Sánchez Bañuelos (1996) aporta el concepto "*calidad de los años vividos*", que se refiere a los años que una persona es autónoma, está libre de enfermedades crónicas y puede disfrutar de la vida.

La O.M.S. en su Congreso Constituyente de 1948, propuso la definición de salud como "*el estado de completo bienestar físico, mental y social y no solamente la ausencia de afecciones o enfermedades*" (Rosillo, 2010).

Más tarde, el mismo Organismo en su manifiesto "Salud para todos en el año 2000", dice que el objetivo prioritario para todos los países del mundo debe ser que "*tengan un nivel de salud suficiente para poder trabajar productivamente y participar de forma activa en la vida social*" (Zagalaz, Cachón y Lara, 2014). En 2004, indica que la actividad física es cualquier movimiento corporal producido por los músculos esqueléticos que exija gasto de energía y, aplicado con intensidad adecuada, mejora la salud del individuo. En cambio, la inactividad física es un gran factor de riesgo (Zagalaz, Cachón y Lara, 2014).

Por otro lado, Devís y Peiró (2001), destacan a "*las nuevas ideas sobre la salud dirigidas a la promoción de ambientes y estilos de vida activos*".

La salud es un elemento fundamental para el pleno desarrollo de la persona y de la sociedad. Precisamente, uno de los medios con que cuenta el ser humano para incrementar su estado de salud es la actividad física sistemática (Fernández García -coord.-, 2002).

La sociedad demanda una educación física escolar que fomente la salud, que dote de los conocimientos y actitudes necesarios para una adecuada práctica de actividad física, y que consiga la incorporación de ésta a la vida cotidiana.

Garoz y Maldonado (2004), ven la salud como algo más que la ausencia de enfermedad, relacionándola con aspectos que suponen una mayor potenciación de las capacidades del individuo y una mejor calidad de vida: las capacidades cognitivas, las sensaciones de bienestar, la autoconfianza y autoestima.

Zagalaz, Cachón y Lara (2014), **engloban** en "salud" a la de tipo físico Funcionamiento orgánico), psíquico, mental o emocional (equilibrio psicológico de la persona) y a la salud social (relacionarse, compartir y cooperar con los demás).

La salud de la ciudadanía en **general** depende de varios parámetros. Habitualmente los relacionamos en factores medioambientales, factores biológicos, estilo de vida y sistema asistencial (Arufe y otros, 2008).

Las personas deben conocer desde la **infancia** todo lo referente a cuestiones higiénicas individuales, la fisiología de su propio cuerpo, la influencia de la actividad física y de una alimentación correcta (Navas, 2001).

El R. D. 126/2014 indica que "*la adopción de hábitos saludables es muy importante tener en cuenta que se estima que hasta un 80% de niños y niñas en edad escolar únicamente participan en actividades físicas en la escuela, tal y como recoge el **informe Eurydice**, de la Comisión Europea de 2013; por ello la Educación Física en las edades de escolarización debe tener una presencia importante en la jornada* *escolar si se quiere ayudar a paliar el sedentarismo, que es uno de los factores de riesgo identificados, que influye en algunas de las enfermedades más extendidas en la sociedad actual".*

2. HÁBITOS Y ESTILOS DE VIDA SALUDABLES EN RELACIÓN CON LA ACTIVIDAD FÍSICA.

Los **hábitos** son disposiciones que tenemos para actuar de un modo concreto bajo determinadas circunstancias; son patrones de conducta compuestos por las habilidades y conocimientos que tenemos, así como la actitud.

Estilo de vida saludable significa tener un conjunto de patrones de conducta relativamente estables que son beneficiosos para la salud, es decir, adoptar una serie de rutinas de comportamiento, entre ellas las relacionadas con la práctica metódica de la actividad física (Garoz y Maldonado, 2004).

Actividad física es cualquier movimiento o un conjunto de ellos, realizados con el cuerpo, producidos por el músculo esquelético y que lleva parejo un gasto energético (Delgado y Tercedor, 2002). La "inactividad", en cambio, se relaciona con problemas de salud: respiratorios, cardiacos, articulares, etc. (Zagalaz, Cachón y Lara, 2014).

El término **salud** ha ido evolucionando, como se desprende de su progresión conceptual en el seno de la O.M.S. (Márquez y Garatachea 2010).

Históricamente, nos podemos remontar las Primeras Civilizaciones, por ejemplo China, donde la actividad física tiene un carácter higiénico y curativo; Grecia generó el concepto "areté" que combina la fuerza física con el vigor y la salud corporal. En Roma, Galeno, recomienda la práctica de la actividad física como medio preventivo de la enfermedad. Durante el Renacimiento, Mercurialis, redescubre la antigua gimnástica con el sentido médico e higiénico que Galeno le dio siglos atrás.

Durante la Ilustración, Rousseau, en su libro "Emilio", presenta los ejercicios físicos como base para la educación integral y para la salud.

Por otro lado Escuelas, como la Sueca de P. Ling, se basa en la gimnasia correctiva e higiénica y los Movimientos, como el de Centro, tiene como objetivo prioritario "la salud del cuerpo y su desarrollo físico".

A partir de la década de los ochenta del pasado siglo surgió en nuestro país el movimiento "fitness", de procedencia anglosajona, con la actividad física para adultos y el auge en el cuidado del cuerpo. En los noventa aparecieron los movimientos educativos hacia la salud a través de los DD. CC., así como las políticas sociales y los planes de salud pública. Prueba de ello lo tenemos en el excesivo gasto sanitario, que llevó a la Administración a variar su discurso a favor de la promoción de la salud y del cuidado del cuerpo, legislando en contra de determinadas "drogas sociales" (Delgado y Tercedor, 2002).

El "**Movimiento social hacia la salud**" (Delgado, Delgado y Tercedor, 2008b), que surge a partir de los años 80 del siglo XX, dura hasta la actualidad. Nace un tanto en contraposición al Movimiento Fitness y como consecuencia de las pautas del currículo LOGSE. Hay una preocupación en grandes masas poblacionales hacia la actividad física saludable, no competitiva; hacia la alimentación sana; las actividades deportivas en el tiempo extraescolar, etc. Se busca que el alumnado domine una serie de juegos para hacer en su tiempo de ocio y vacacional y, por tanto, crear **hábitos** y estilos saludables. Está muy presente en la **escuela actual** a través de los elementos curriculares. En esta misma línea, podemos encuadrar los programas de ayuntamientos y otros organismos en la organización de eventos regulares (talleres de gimnasia, de juegos populares, "Thai Chi", planes para un "envejecimiento activo y saludable", etc., así como manifestaciones multitudinarias como los "paseos, carreras y rutas populares en bicicletas", fiestas deportivas, etc. (Navarro, 2007). A diario podemos comprobar también cómo cientos de personas realizan estas mismas actividades saludables de forma individual o en pequeños grupos. En Andalucía, a partir de 2008 van tomando cada vez más importancia los paseos en bicicleta aprovechando la construcción masiva en pueblos y ciudades de carriles-bici. Muchas de estas nuevas vías se acompañan con instalaciones complementarias en parques tales como los **"circuitos biosaludables"**, es decir, máquinas de acondicionamiento, como la de los gimnasios, accesibles a mayores para que éstos puedan movilizar sus articulaciones.

El programa "**Por un millón de pasos**" es un proyecto de la C. de Salud dirigido a promover la actividad física y las relaciones asociativas entre las personas participantes mediante una tarea colaborativa ¿Sois capaces de dar, al menos, un millón de pasos en un mes, mediante la suma de los pasos de todas las personas participantes y medidos mediante podómetro o cualquier otro medio? Este es el reto que se lleva a cabo en más de 100 localidades andaluzas, con la participación de más de 800 asociaciones, colectivos y grupos escolares. Destaca por ser una actividad **cooperativa,** compartida y **no competitiva**. La meta de la actividad no está en quien da más pasos, sino lograr vencer un **reto** mediante el esfuerzo de todos los participantes, a los que integra y se adapta. Además, muy motivadora y fácilmente evaluable.

El ejercicio físico para la salud comienza a ser una entidad particular, paralela al deporte de rendimiento, sobre la que se desarrollan numerosos estudios científicos con el fin de dilucidar los efectos que genera en la salud y los mecanismos por los que actúa. En este contexto, el ejercicio físico pasa a ser una importante estrategia de salud, tanto personal como colectiva (Fernández García, 2011).

Los **hábitos** de seguridad y práctica en la actividad física, alimentación, higiene corporal y postural, relajación, respiración, creación de hábitos saludables… son temas de **actualidad** que se encuentran frecuentemente en la **opinión pública**. Es más, la práctica **indiscriminada** de actividad física (carreras, prácticas ciclistas, etc.) acarrean numerosos problemas en la salud personal (Sarasúa, 2010).

Hoy el modelo escolar apuesta por la educación física-salud y por la creación de hábitos saludables desde edades tempranas (López Miñarro, 2010). La llamada "Educación Física Rendimiento" dejó paso, al final de la década de los ochenta, a la "Educación Física Salud".

No olvidemos que uno de los problemas que nos encontramos es el **sedentarismo**, apoyado por el "boom" que supone la utilización de las TIC como contenido del tiempo libre del alumnado.

El estilo de vida sedentario es uno de los mayores factores de riesgo para la salud en las sociedades occidentales, ya que existe mucha relación entre aquél y ciertas enfermedades crónicas muy generalizadas hoy día: hipertensión, obesidad, trastornos cardiovasculares, colesterol elevado, etc. (Calderón, 2012).

La influencia **sociocultural** sobre los estilos de vida saludables es un debate actual. Garoz y Maldonado (2004), destacan el papel de la actividad lúdica como mecanismo de transmisión cultural, así como la influencia de los entornos inmediatos del alumnado: familia, normas sociales, ideologías de género, clima, tradiciones, etc.

No obstante, determinadas creencias pueden acarrear problemas de salud, porque tienen una acción directa o indirecta sobre el organismo, al que someten a situaciones de peligro. Por ejemplo, el consumo excesivo de proteínas, dietas milagrosas, etc. Muchos mensajes **publicitarios** favorecen este concepto (López Miñarro, 2002).

2.1. EL ESTILO DE VIDA SALUDABLE.

Estilo de vida saludable significa tener un conjunto de patrones de conducta relativamente estables que son beneficiosos para la salud, es decir, adoptar una serie de rutinas de comportamiento, entre ellas las relacionadas con la práctica metódica de la actividad física (Garoz y Maldonado, 2004).

Se trata de un tema complejo y multifactorial donde intervienen multitud de aspectos. Mendoza, Sagrera y Batista (1994), apuntan a las propias características **individuales**, a las del entorno **microsocial** (vivienda, familia, amigos, ambiente, etc.), a los factores **macrosociales** (sistema social, cultura, instituciones oficiales, medios de comunicación, etc.), y hasta al **medio** físico geográfico.

Delgado y Tercedor (2002), indican que los cambios sociales, políticos y económicos marcan las variaciones en el estilo de vida, sobre todo en los jóvenes, ya que su personalidad, valores y hábitos tienden a formarse durante su proceso de maduración y socialización.

2.2. MODELOS DE EDUCACIÓN FÍSICA SALUD.

La integración de la salud en la escuela comienza a finales del siglo XIX, con las orientaciones del llamado "movimiento higienista", generado al amparo de la industrialización y las aglomeraciones humanas en las grandes ciudades (Rodríguez García, 2006).

Un "**modelo**" es un punto de **referencia**, a veces teórico, para imitarlo. En nuestra sociedad existen varios **modelos** que relacionan la educación/actividad física con la salud (Delgado, Tercedor y Torre, 2008a). Devís y Peiró (2001) y Delgado y Tercedor (2002), entre otros, destacan tres grandes modelos que responden a otras formas distintas de entender el papel de la salud dentro de la educación física (Garrote y Legido, 2005):

- **M. Médico.**- Se basa en las Ciencias Biomédicas y entiende a la salud como ausencia de enfermedad, prevención y rehabilitación. Realización segura y correcta de ejercicios.

- **M. Socio-crítico.**- Establecido en la Pedagogía Social. La salud es una **construcción social** donde se realizan acciones para crear **ambientes** saludables. **Crítica** social e ideológica ante la falta de inversión en infraestructuras deportivas en las llamadas "barriadas obreras". Se apoya en una teoría crítica de la cultura física, del rol que juegan el propio cuerpo, el ejercicio, deporte, sexo, salud, estilo de vida, y su uso en el consumismo y en el individualismo, la autonomía, la independencia o la igualdad de oportunidades.

- **M. Psico-educativo.**- Asentado sobre las ciencias Psicológicas y Deportivas. La salud como responsabilidad individual y el cambio en el **estilo de vida** (Contreras y García, 2011). La escuela debe ser promotora de hábitos saludables (Timón y Hormigo, 2010). El Decreto 328/2010, por el que se aprueba el Reglamento Orgánico de los centros, contempla *"la prevención de riesgos y la promoción de la seguridad y la salud como parte del Plan de Centro, integrando estos aspectos en la organización y gestión del centro y como factor de calidad de la enseñanza"*.

- **M. de la perspectiva holística**.- Surge como integración de los anteriores. Del modelo médico, la seguridad y realización correcta de las actividades. Del psico educativo, decidir y planificar el estilo de vida activo y del socio crítico el tratamiento de la problemática sociocultural en el contexto de la actividad física y la salud.

Devís -coor.- (2000), identifica tres grandes **perspectivas** de relación entre la actividad física y la salud: rehabilitadora, preventiva y de bienestar.

Desde un punto de vista eminentemente educativo, la actividad físico-deportiva es positiva para la salud, pero no hay que olvidar que un **exceso** de la misma puede causar daño, hecho evidenciado, por ejemplo, en las lesiones agudas producidas por una **inadecuada práctica** física, o por el envejecimiento prematuro que se produce en el organismo de los deportistas de elite, dado el alto grado de exigencia al que someten su cuerpo. Por ello debe ser diferenciado el desarrollo de la condición física necesaria para el rendimiento respecto al necesario para la **salud** (De la Cruz, 1989a).

2.3. LA ACTIVIDAD FISICA SALUDABLE Y SUS EFECTOS PSICOFÍSICOS.

Las actividades físicas contribuyen decisivamente al desarrollo integral de niñas y niños. Son una de las claves de su desarrollo intelectual, afectivo-emocional y social. Asimismo, produce efectos positivos en los órganos y sistemas corporales, reduciendo los factores de riesgo para la salud (Fernández García, 2002).

Uno de los motivos por el que las personas desean realizar prácticas deportivas es porque entienden que éstas favorecen la salud (Gil, 2003).

Debemos tender hacia una actividad física moderada y recreativa, huyendo de modelos relacionados con el deporte-rendimiento (Devís, -coor.- 2000).

La educación física escolar y los programas de iniciación y perfeccionamiento deportivos son decisivos para la promoción de la actividad física en niños y adolescentes (Casimiro, 2002). Pero este dinamismo debe significar una experiencia satisfactoria para el alumnado, desarrollando actitudes positivas hacia la actividad y hacia la creación de hábitos más activos y saludables, fomentando la participación de todos, sin distinción, alejándose de la búsqueda de rendimiento, pero dotándolos de una base que le permitan una mayor autonomía en su práctica (Garoz y Maldonado, 2004).

Los juegos populares y tradicionales mejoran varios aspectos muy importantes en nuestra área, como son los perceptivos, coordinativos y la **condición física-salud**, además de los relacionados con los psico-sociológicos (Lavega y otros, 2010). En cualquier caso, no todos los juegos son recomendables debido a ciertos **riesgos** que debemos evitar (Herrador, 2015).

Para la elaboración de este punto nos basamos, fundamentalmente, en Naranjo y Centeno (2000), Barbany, (2002), Lloret (2003), Gómez Mora (2003), Torres (2005), Garrote y Legido (2005), Piñeiro (2006a), Piñeiro (2006b), Rodríguez García (2006), Pastor -coor.-(2007), Arufe y otros (2008), Márquez y Garatachea (2010), Contreras y

García (2011), Rosillo (2010), Fernández del Olmo (2012), Calderón (2012), López Chicharro y otros (2013) y Gutiérrez (2015).

- **Efectos psico-sociales**

    o Mejora la participación en actividades, comunicación con los demás, la integración en grupos sociales, etc. Actitud de responsabilidad, integración y cooperación con los demás (Gómez, Puig y Maza, 2009).
    o Responsabilidad ante obligaciones con el grupo. Nos enseña a asumir normas y responsabilidades.
    o Nos enseña a aceptar y superar las derrotas.
    o Efectos antidepresivos.
    o Estimula el afán de trabajo en equipo.
    o Estimula la participación e iniciativa personal.
    o Mejora el equilibrio psíquico y aumenta la capacidad de abstracción.
    o Favorece la autoestima. Mejora la imagen corporal.
    o Disminución de las tensiones personales y estrés. Canaliza la agresividad.
    o Previene el insomnio y regula el sueño.

- **Efectos sobre el sistema cardiovascular**

    o Mejora la circulación coronaria, evitando la concentración de grasa en sus paredes. Previene la obesidad y enfermedades coronarias.
    o Mayor volumen cardiaco y menor frecuencia en reposo.
    o Menor incremento de la frecuencia mediante el ejercicio moderado.
    o Retorno más rápido de la frecuencia y de la presión sanguínea a la normalidad.
    o Mayor utilización del oxígeno de la sangre y tensión arterial más baja.

- **Efectos sobre el sistema respiratorio**

    o Los músculos respiratorios son más eficaces y mejora la difusión de los gases.
    o Aumenta el volumen respiratorio máximo por minuto y la capacidad vital.
    o Descenso en la frecuencia y un aumento en la profundidad respiratoria.

- **Efectos sobre el sistema nervioso**

    o Aumento de la capacidad **reguladora** del sistema vegetativo (vagotonía del entrenado), con economía en los procesos metabólicos.
    o Mejora la rapidez en la conducción de estímulos a través de as fibras motrices.
    o Se perfeccionan los mecanismos de producción de impulsos y la coordinación de movimientos.

- **Efectos sobre el aparato locomotor**

    o Modificaciones en las estructuras de los huesos e hipertrofia de las masas musculares.

    o El aumento del número de capilares y del tamaño de la fibra, va acompañado de un progreso importante de fuerza.

- **Efectos sobre la sangre**

    o Se crea un sistema estabilizador evitando la excesiva concentración de ácidos.

En el lado opuesto debemos señalar determinados "**mitos**" y falsas creencias donde suelen caer nuestros escolares, por ejemplo, consumir azúcar antes de hacer actividad física, ponerse prendas plásticas para sudar y perder peso, no realizar calentamiento o relajación, etc.

2.4. RELACIÓN DEL CURRÍCULO DE EDUCACIÓN FÍSICA CON LA CREACIÓN DE HÁBITOS Y ESTILOS DE VIDA SALUDABLES.

Establecemos la relación a través de los siguientes puntos:

a) **Aspectos generales**.

Alrededor del concepto sobre salud nace la educación para la salud, entendida como un proceso de información y responsabilidad del individuo, con el fin de adquirir hábitos, actitudes y conocimientos básicos para la defensa y la promoción de la salud **individual** y **colectiva** (Rodríguez García, 2006). Por lo tanto esta idea no es nueva, educación física-salud mantienen una relación histórica y ésta se acentúa significativamente a partir del currículo LOGSE -y se refrenda en el de la L. O. E. y L. E. A y LOMCE, no sólo por la alusión que hace a las CC. CLAVE, objetivos y contenidos del Área de Educación Física, sino por los de la propia Etapa, otras áreas y Temas Transversales (Garoz y Maldonado, 2004).

Es sabido que la educación para la salud es una tarea multidisciplinar, pero también debe involucrarse la propia familia a través de las A. M. P. A. (Rodríguez García, 2006). "*La educación para la salud es uno de los caminos más adecuados si se pretende instaurar en los niños de infantil, primaria y secundaria unos hábitos y un estilo de vida saludable*" M.E.C. y M. S. (2009).

En Andalucía, la O. 17/03/2015, indica en su Introducción que "*Proporcionar un estilo de vida saludable es un elemento esencial del área de Educación física. Es cierto que son muchos los beneficios que genera la sociedad del conocimiento, pero también ha sido pródiga en costumbres poco saludables desde la infancia, donde el sedentarismo y la obesidad pueden llegar a convertirse en problemas graves para la salud. Desde esta perspectiva, la Educación física ha de tratar de mantener el equilibrio entre actividad y reposo haciendo que la máxima "mens sana in corpore sano" siga teniendo validez. Por ello, la Educación física se debe centrar en plantear propuestas para el desarrollo de planos competenciales relacionados con la salud, y que tendrían como finalidad tanto la adquisición de hábitos saludables en virtud a una práctica regular de actividades físicas como una actitud crítica ante aquellas prácticas sociales ya asentadas o emergentes que resulten perjudiciales. Se trata de que cada alumna o alumno adquieran hábitos saludables que posibiliten sentirse satisfechos con su propia identidad corporal, la cual será vehículo de expresión y comunicación consigo mismo y con los demás*".

En cualquier caso, no debemos olvidar lo expresado por la LOMCE/2013, en su disposición adicional cuarta sobre "*promoción de la actividad física y dieta equilibrada*". "Las administraciones educativas adoptarán medidas para que la actividad física y la dieta equilibrada formen parte del comportamiento infantil y juvenil. A estos efectos, dichas Administraciones promoverán la **práctica diaria de deporte y ejercicio físico** por parte de los alumnos y alumnas durante la jornada escolar, en los términos y condiciones que, siguiendo las recomendaciones de los organismos competentes, garanticen un desarrollo adecuado para favorecer una **vida activa, saludable y autónoma**. El diseño, coordinación y supervisión de las medidas que a estos efectos se adopten en el centro educativo, serán asumidos por el **profesorado con cualificación** o especialización adecuada en estos ámbitos".

La propia Junta de Andalucía desarrolla regularmente programas dirigidos a la promoción de la salud en las escuelas. Por ejemplo "Aprende a Sonreír", "Aldea", "Mira", etc.

b) CC. Clave

Competencias sociales y cívica, por cuanto la Educación física ayuda a entender, desarrollar y poner en práctica la relevancia del ejercicio físico y e deporte como medios esenciales para fomentar un estilo de vida saludable que favorezca al propio alumno, su familia o su entorno social próximo. Se hace necesario desde el área el trabajo en hábitos contrarios al sedentarismo, consumo de alcohol y tabaco, etc. La competencia social se relaciona con el bienestar personal y colectivo. Exige entender el modo en que las personas pueden procurarse un estado de salud física y mental óptimo, tanto para ellas mismas como para sus familias y para su entorno social próximo, y saber cómo un estilo de vida saludable puede contribuir a ello.

El área también contribuye en cierta medida a la adquisición de la **competencia en comunicación lingüística**, ofreciendo gran variedad de intercambios comunicativos, del uso de las normas que los rigen y del vocabulario específico que el área aporta.

Competencia digital, ya que los medios informáticos y audiovisuales ofrecen recursos cada vez más actuales para analizar y presentar infinidad de datos que pueden ser extraídos de las actividades físicas, deportivas, competiciones, etc. El uso de herramientas digitales que permitan la grabación y edición de eventos (fotografías, vídeos, etc.) suponen recursos para el estudio de distintas acciones llevadas a cabo.

c) Objetivos de etapa.

Por su parte, el la O. 17/03/2015, indica en el **objetivo de Etapa** "k", "*valorar la higiene y la salud, aceptar el propio cuerpo y el de los otros, respetar las diferencias y utilizar la educación física y el deporte como medios para favorecer el desarrollo personal y social*".

d) Objetivos de área.

El **objetivo nº 3 y 4 son los más concretos** en pronunciarse sobre la salud:

O.EF.3. Utilizar la imaginación, creatividad y la expresividad corporal a través del movimiento para comunicar emociones, sensaciones, ideas y estados de ánimo, así como comprender mensajes expresados de este modo.

O.EF.4. Adquirir hábitos de ejercicio físico orientados a una correcta ejecución motriz, a la salud y al bienestar personal, del mismo modo, apreciar y reconocer los efectos del ejercicio físico, la alimentación, el esfuerzo y hábitos posturales para adoptar actitud crítica ante prácticas perjudiciales para la salud.

e) Contenidos.

El **Bloque de contenidos nº 2**, "*La Educación física como favorecedora de la salud*", que está constituido por aquellos conocimientos necesarios para que la actividad física resulte saludable, contenidos para la adquisición de hábitos de actividad física a lo largo de la vida, como fuente de bienestar.

f) Criterios de evaluación.

En el R.D. 126/2014 también encontramos referencias a la salud en los criterios de evaluación, por ejemplo: "*5. Reconocer los efectos del ejercicio físico, la higiene, la alimentación y los hábitos posturales sobre la salud y el bienestar, manifestando una actitud responsable hacia uno mismo*".

g) Estándares de aprendizaje.

En el R.D. 126/2014 aparecen estos estándares relacionados con la salud:

5.1. Tiene interés por mejorar las capacidades físicas.
5.2. Relaciona los principales hábitos de alimentación con la actividad física (horarios de comidas, calidad/cantidad de los alimentos ingeridos, etc.).
5.3. Identifica los efectos beneficiosos del ejercicio físico para la salud.
5.4. Describe los efectos negativos del sedentarismo, de una dieta desequilibrada y del consumo de alcohol, tabaco y otras sustancias.
5.5. Realiza los calentamientos valorando su función preventiva.

El D. 328/2010, de 13 de julio, por el que se aprueba el Reglamento Orgánico de los colegios de educación infantil y primaria, BOJA nº 139, de 16/07/2010, indica en su artículo 29 "*la prevención de riesgos y la promoción de la seguridad y la salud como bien social y cultural*".

Bernal -coord.- (2005), indica una serie de pautas a tener en cuenta el docente:

- Prever los riesgos durante las actividades propuestas.
- Conocer el estado inicial de cada escolar.
- Adecuarse a las peculiaridades de los mismos y no llegar a situaciones extremas.
- Revisar los recursos espaciales y materiales antes de su uso.
- Enseñarles a manipular los materiales.
- En cualquier sesión práctica no olvidar sus tres apartados y la relación entre el tiempo de trabajo y el de pausa.

Por otro lado, la utilización de TIC abre un abanico de posibilidades muy ricas, ofreciendo una motivación extra al alumnado (Archanco y García, 2006).

3. EL CUIDADO DEL CUERPO.

Cañizares y Carbonero (2006), lo enfocan a través de cinco apartados:

a) Higiene	b) Recursos personales	c) Nutrición
d) Desarrollo de actividades		e) Examen médico preventivo

a) **Higiene**. El **término** proviene de la palabra griega "*higieinós*", que significa sano. Va más allá de la limpieza y comprende una serie de aspectos tales como ejercicio físico, alimentación o sueño. La higiene personal y del entorno es básica para mejorar la salud. Es importante que niñas y niños aprendan a valorar el hecho de la higiene como medida para el logro de un mayor bienestar personal y con los demás. Por lo tanto, padres y educadores, tenemos un papel fundamental en la adquisición de estos hábitos. Desde nuestra área y materia su influencia es grande para conseguir las rutinas de higiene personal, aunque debe extenderse a las demás del currículo. Tiene por objeto proteger y fortalecer la salud, así como mejorar el crecimiento y desarrollo de niñas y niños (Archanco y García, 2006). Siguiendo a Navas y otros (2001), así como a Delgado y Tercedor (2002), destacamos:

- Higiene de la **piel**, con ducha diaria y lavado de cabeza, sobre todo después de hacer deporte. Insistir en un buen secado. La sudoración excesiva y el conjunto de las células descamadas pueden llegar a producir maceración de la piel.

- Higiene **buco-dental**. Crear hábitos de cepillado de dientes tras cada comida o, al menos, una vez al día. Es conveniente aprender el manejo del hilo dental para retirar la suciedad entre los dientes. Huir de productos con azúcares refinados. El D. 230/07, entre otros, establece que debemos contribuir al desarrollo de la Educación para la Salud. El Programa de Promoción de la Salud Bucodental en el Ámbito Escolar, "Aprende a sonreír", para niños y niñas de Infantil y Primaria andaluces, supone incorporar elementos dinamizadores en la vida del centro educativo y recursos humanos y materiales motivadores en el aula que favorezcan. Citar la puesta en marcha del Decreto 281/2001, que garantiza a todos los niños y niñas de Andalucía, entre los 6 y los 15 años, una asistencia dental cuyo carácter es fundamentalmente preventivo y educativo, contemplando una más específica cuando sea necesaria.

- Higiene de la **nariz**, habida cuenta que el aire necesario para la ventilación durante la actividad física debe tener un buen caudal, temperatura, humedad y limpieza.

- También debemos crear hábitos en la limpieza de **oídos**, sobre todo cuando hay exceso de cerumen. En caso de observar un tapón avisar a la familia.

- Higiene de las **manos** cuando sea necesario, sobre todo tras la clase y siempre antes de comer o manipular alimentos, como sucede en la mayoría de los recreos. No olvidemos que se contaminan fácilmente y es un vehículo perfecto para la transmisión de microorganismos. También es necesario llamar la atención en el corte de uñas, al menos una vez a la semana, por ser un lugar de riesgo elevado.

- El lavado de **pies** y su completo secado para evitar la existencia de hongos, es muy necesario, como así mismo el corte de las uñas, pero siempre usando chanclas en vestuarios.

- La higiene **íntima** por toda la zona anal, genital e inguinal es esencial debido a la gran sudoración existente. Ante la existencia de rojeces y picores, consultar al médico.

- Insistir en el cambio diario de ropa, sobre todo de la interior, calcetines y la indumentaria deportiva, pero siempre rechazar el intercambio de ropa, peine, toalla, etc.

- Podemos incluir en este apartado la llamada "higiene **postural**", sobre todo en los escolares que pasan muchas horas del día sentados en unos pupitres que en muchas ocasiones no son los más apropiados. Lo importante es mantener la alineación fisiológica del raquis. Se considera postura corporal al tono de mantenimiento de la postura que se superpone al tono muscular de base, gracias a la actividad refleja del organismo que permite su control. De ahí que contemplemos una "**postura ideal**, es decir, aquella que tiene la mínima tensión y rigidez, al mismo tiempo que la máxima eficacia (Pazos y Aragunde, 2000). En las sesiones de nuestra área cuidaremos de la correcta ejecución de las actividades (Rodríguez, Santonja y Delgado 1999).

b) **Recursos personales**. Nos referimos a la ropa y el calzado que individualmente aporta cada escolar a la clase (Gil, 2006).

- El **calzado** debe ser bajo para evitar esguinces de tobillo y el acortamiento del músculo tríceps sural. Aconsejaremos las zapatillas de caña baja ya que facilitan la movilidad del tobillo y con suela antideslizante. Los calcetines deben ser de algodón. Las zapatillas de deporte se deberían usar exclusivamente para realizar ejercicio físico, debiendo disponer de calzado de calle para el resto de clases escolares. Así se evitan enfriamientos, desestabilizaciones de los arcos plantares y se facilita la circulación periférica de retorno tras el ejercicio físico, así como colonizaciones por hongos. La zapatilla se expondrá al sol para su secado y en la ducha se utilizará una chancla para evitar contagios (De la Cruz 1989b). Debemos poner atención en las modas que puedan constituir un peligro, por ejemplo, llevar los cordones sueltos.

- La **ropa** que en general se precisa es una camiseta de manga corta y unas calzonas. Deben ser de algodón y tienen como misión mantener la temperatura corporal, evitando las pérdidas excesivas de calor cuando el clima es frío, además de servir de protección contra el viento y sol (Navas y otros, 2001). Las de poliéster y otras de fibras artificiales suelen dificultar la sudoración y pueden producir rozaduras e incluso alergias. En caso de sol puede ser preciso hasta llevar gorra y, si además hace calor, humedecerse la cabeza, cuello y muñecas. En caso de clima frío, usar chándal, guantes e, incluso, gorro. Si se realizan prácticas de fútbol, balonmano, etc. es necesario disponer de las prendas de protección adecuadas, como rodilleras, coderas, etc. (De la Cruz 1989b). Debemos evitar relojes, anillos, pulseras, piercing y sus variantes, así como las modas al uso que puedan suponer un riesgo, por ejemplo, pantalones con varias tallas más o zapatillas sin amarrar. Es conveniente aportar toalla individual para la ducha tras la sesión, así como una muda.

c) **Nutrición**. Es una necesidad orgánica y vital para cualquier persona, más aún si practica actividad física (Urdampilleta y Rodríguez, 2014). El binomio alimentación-deporte guarda una estrecha relación con el rendimiento deportivo, equilibrando el gasto con la ingesta, para disminuir la sensación de agotamiento, si bien en un ámbito eminentemente educativo no tiene demasiada importancia (García Soidán y Peraza, 2009).

Es el conjunto de procesos involuntarios por el cual nuestro organismo recibe, transforma y usa las sustancias químicas contenidas en los alimentos (Gómez Mora, 2003). Gracias a la nutrición disponemos de los siguientes procesos:

- La termorregulación y el mantenimiento del metabolismo basal
- Crecimiento y reparación de los tejidos
- Predominio anabólico sobre el catabólico, es decir, la energía procedente de la nutrición debe de exceder a la energía consumida en el mantenimiento de la vida y en la actividad del sujeto (Ribas y col., 1997)

- Hay seis **tipos de nutrientes**, cada uno con una finalidad específica (Guillén y otros, 2009):

Carbohidratos	Lípidos o grasas	Proteínas
Vitaminas	Minerales	Agua

También Bernal (2005) cita a Dosil (2003) que aporta otro tipo clasificatorio de nutrientes:

- Macronutrientes (hidratos, proteínas y grasas).
- Micronutrientes (vitaminas y minerales).

- La dieta debe estar compuesta por (Urdampilleta y Rodríguez, 2014):

55-60 % de Carbohidratos	20-25% de Grasas	12-15% de Proteínas

No podemos dejar de mencionar los beneficios de la "**dieta mediterránea**", basada en el consumo de pan y pasta como fuente de carbohidratos; aceite de oliva como proveedor de grasas; pescado, ave, huevos y lácteos como aportadores de proteínas y a la ingesta de frutas, hortalizas, legumbres, verduras y frutos secos que nos aportan fibras y antioxidantes (Márquez y Garatachea, 2010).

La mala nutrición siempre trae malas consecuencias, tanto por exceso, como por defecto o el habitual desequilibrio dietético. La obesidad es un problema de primer orden en los países industrializados (Ruiz Fernández, 2006). En la actualidad la obesidad infantil es considerada una epidemia mundial (países desarrollados) y la O. M. S. lo reconoció en 2002.

La Comunidad Europea lanzó en 2005 la Plataforma Europea para la acción sobre la dieta, la actividad física y la salud. En España, ese mismo año, el M. de Sanidad y Consumo hace pública la *"Estrategia Naos": Invertir la tendencia de la obesidad. Estrategia para la nutrición. Actividad física y prevención de la obesidad*. En este sentido, el M. de Salud recomienda en 2012 al M. de Educación que todos los escolares realicen a diario una hora de actividad física-deportiva dado el número alarmante de jóvenes con sobrepeso, que el propio ministerio cifra en un 45% de la población infantil. Un compromiso importante del sector empresarial es la puesta en marcha del Código de autorregulación de la publicidad de alimentos dirigida a menores, prevención de la obesidad y salud (Código PAOS). Ha sido suscrito por las

35 mayores empresas alimentarias españolas, que representan más del 75% de la inversión publicitaria en el sector.

En Andalucía, el problema de la obesidad se abordó con la formulación del Plan para la Promoción de la Actividad Física y Alimentación Equilibrada 2004-2008, que se ocupa de la obesidad, malos hábitos alimenticios, control del peso y actividad física (Ruiz Fernández, 2006). Citar la Orden de 18 de mayo de 2007, por la que se convoca el IV Certamen de Programas sobre promoción de la Actividad Física y la Alimentación Equilibrada, B. O. J. A. de 08/06/ 2007.

También debemos reseñar el Plan PERSEO, programa piloto escolar de referencia para la salud y el ejercicio contra la obesidad. Consiste en detectar casos de obesidad infantil, promover la adquisición de hábitos alimenticios y saludables, así como la actividad deportiva. La Comunidad Autónoma de Andalucía y otras más se han adherido a él.

En cuanto a las comidas que se ofrecen en los comedores escolares, la O. de 03/08/2010, por la que se regulan los servicios complementarios de la enseñanza de aula matinal, comedor escolar y actividades extraescolares en los centros docentes públicos, así como la ampliación de horario (BOJA núm. 158 de 12 de agosto), indica que deberá ser "sana y equilibrada".

En marzo de 2011 se aprueba la **Ley de Seguridad Alimentaria**. Uno de sus objetivos es prohibir en centros escolares alimentos y bebidas que favorezcan la obesidad infantil. Alude también a los menús escolares ya que los centros deberán informar a las familias sobre los nutrientes y calorías de los menús. Prohíbe en los centros cualquier tipo de publicidad de estos tipos de alimentos y bebidas.

Zagalaz, Cachón y Lara (2014), indican que la **actividad física** escolar moderada, junto a una buena alimentación, evitaría gran parte de los problemas de sobrepeso actuales, si bien también es necesario el **apoyo de las familias**.

Por último, aconsejar la reposición hídrica, sobre todo en ciertas zonas de Andalucía durante los dos últimos meses del curso (Gómez Mora, 2003).

d) **Desarrollo de actividades**. Antes que el grupo comience el trabajo práctico diario debemos tener en cuenta una serie de atenciones para evitar problemas que afecten a la **seguridad corporal** (Pino y Romo, 2009). Aquí incluimos la higiene de los espacios, el material deportivo específico, el horario, la metodología, las ayudas, el respeto a las diferencias individuales y cómo evitar los riesgos corporales (Devis y Peiró, 1992; Delgado y Tercedor, 2002; Delgado y cols. 2004), Zagalaz, Cachón y Lara (2014) y Herrador (2015).

1.- **Higiene y seguridad de los espacios**.

- Es elemental eliminar las irregularidades del suelo o de los objetos potencialmente dañinos (vidrios, piedras, charcos, zonas de barro, etc.), así como los herrajes o desperfectos de porterías, vallas, barandas, canastas, etc., que supongan un riesgo. Poner mucha atención a suelos resbaladizos y húmedos (Rivadeneyra, 2003).

- Las zonas de paso o carrera deben estar expeditas de objetos con los que se pudiera tropezar. Los vestuarios son para utilizarlos y debemos erradicar la costumbre de cambiarse de ropa en el aula, que conduce a no poder lavarse tras el ejercicio, ni refrescarse o beber agua, así como a malos olores, falta de intimidad, etc.

- Muchos centros tienen la oportunidad de acudir más o menos regularmente a instalaciones municipales, etc. En 2009, algunas comunidades autónomas han puesto en marcha el proyecto "Estadios Saludables de España", financiado por la Comunidad Europea. En una primera fase, las acciones consisten en la celebración de jornadas, charlas informativas y talleres de trabajo sobre alimentación, práctica deportiva y uso de medios de locomoción, que tendrán como principales destinatarios a tanto a usuarios como al conjunto de ciudadanos (R. A. M. D., 2009).

- Por su parte, la C. E. J. A. tiene editado el "**Manual de seguridad en los centros educativos**" (Roldán, 2002). Indica una serie de pautas a seguir tendente a la protección en las instalaciones escolares. Por ejemplo, los anclajes de las porterías, la posible corrosión de los componentes metálicos, la comprobación del estado de las instalaciones a principios de curso, la homologación en todos los materiales por la normativa europea, la recogida de aguas en los pavimentos, etc.

- En cualquier caso, debemos cuidar la limpieza, ventilación, temperatura en invierno y verano, humedad, iluminación, y estado de los espacios a usar. Especial cuidado en los vestuarios, con pavimentos anti deslizantes, evitar corrientes de aire, etc.

2.- **Material deportivo específico.**

- Debe adecuarse a la edad y a la evolución psicobiológica. Por ejemplo no usar balones de adulto para la práctica deportiva escolar -Voleibol, Baloncesto, etc.- Es mejor jugar, de forma controlada, a actividades que requieran movimientos de los escolares, que realizar actividad deportiva reglada con material inadecuado (Balius y Pedret, 2013).

- Los **protectores** son necesarios en numerosas prácticas deportivas: rodilleras, guantes, coderas, etc. También incluimos la gorra para evitar insolaciones en espacios abiertos (Gil, 2006).

- En toda instalación debe existir un **botiquín** accesible. Debe contener: agua oxigenada, algodón, bolsas para hielo, esparadrapo; gasas estériles; cloruro de etilo (frío sintético); yodo surtido de tiritas, termómetro, vendas, glucosa, férulas, pinzas, tijeras, etc. (Gil, 2006).

- En cualquier caso, debemos controlar el estado de los recursos.

3.- **Horario de la actividad.**

- Aunque es difícil, con un poco de buena voluntad podemos organizarlo de tal forma que las sesiones prácticas no sean tras los recreos, a primera hora en invierno o a última en verano, aunque todo cambia si tenemos polideportivos cubiertos adecuados. Las clases deben estar distribuidas equitativamente entre los cinco días hábiles de la semana y prever unos minutos para la higiene personal y cambio de ropa.

4.- **Metodología en el trabajo.**

- Tener muy en cuenta los tiempos destinados a calentamiento y vuelta a la calma, así como las 2h.-2h.1/2 entre la última ingesta importante y la clase. Por otro lado, tras períodos de ayuno de más de 3 horas, es conveniente antes de realizar una clase de Educación Física, tomar algún alimento fácilmente digerible y rico en hidratos de carbono, como una pieza de fruta (manzana, naranja, etc.). Y tras la práctica, es beneficioso facilitarles agua a temperatura ambiente. Sería importante hacer debates y **trabajos reflexivos** mediante el cuaderno del alumno, para que tomen conciencia de lo necesario que resultan los **calentamientos** y las **relajaciones**.

- No olvidar la individualización de las intensidades, no forzar y que las actividades sean las adecuadas al nivel medio del grupo, así como tener previstas las adaptaciones para el alumnado con menos nivel o que tenga algún tipo de discapacidad.

5.- **Cómo evitar riesgos corporales en las clases**.

- Es raro que una niña o un niño se lesione en una clase de Educación Física. Señalamos ahora las causas principales de lesiones (Gil, 2006):
    - Falta de conocimientos básicos del deporte practicado. Competiciones entre niños con desigualdad corporal.
    - No hacer calentamiento adecuado. No respetar las cargas apropiadas a la edad. No hacer al final unos minutos de estiramiento y relajación. No individualizar.
    - Audacia excesiva, exceso de confianza, imprudencia en la ejecución, no respetar al reglamento o competición entre alumnos muy desiguales.
    - Prácticas en ambientes excesivamente frío o caluroso, con terreno mojado, etc.
    - Falta de vigilancia del docente.
    - Entrenamiento precoz antes de estar completamente restablecido tras una enfermedad o lesión o no haber realizado anteriormente un control médico.
    - No mantener la distancia de seguridad en ejercicios masivos, sobre todo en los lanzamientos de balones medicinales y cubiertas de scooter.
    - Evitar ejercicios potencialmente negativos para la salud, como hiperflexión de rodillas, flexión total de cadera, cargas sobre la columna, etc.
    - Insistir en una correcta "**higiene y actitud postural**".

Zagalaz, Cachón y Lara (2014), complementan lo anterior con:

- Docente que se ausenta por cualquier motivo.
- Lesiones en el "alumno-monitor" porque no tiene el nivel previsto.
- Materiales que están en el patio y que provocan situaciones de riesgos: redes, ganchos, colchonetas en mal estado, etc.
- Actividades inapropiadas en relación al espacio disponible: resbaladizo, con agujeros, etc.
- Desconocer técnicas de primeros auxilios.

e) **El examen médico preventivo**. Afortunadamente todos los niños y niñas escolarizados disponen de un pediatra de cabecera que los conoce, siendo muy raro el caso de alguno al que se le descubre una enfermedad grave fuera del sistema sanitario habitual. Nos podemos encontrar con una serie de patologías permanentes o temporales. Ante ellas debemos adaptar el currículo (Gil, 2006).

4. AUTONOMÍA Y AUTOESTIMA.

Autonomía, autoestima, autoimagen, auto competencia y autoconfianza son conceptos que abundan en la Educación Motriz y que resultan muy interesantes por los beneficios que aportan (Ruiz Pérez -coord-, 2001).

Ciertamente hoy día son muchos los autores que señalan la existencia de una relación directa entre el desarrollo de las habilidades motrices y el aumento de la autoestima (Gil, 2003).

Ambos términos están íntimamente relacionados. "Autonomía" hay que entenderla en un contexto de **imagen corporal**, de forma externa, de ser capaz de hacer más cosas sin la ayuda de nadie. En cambio, "autoestima" tiene un significado de auto consideración y **auto aprecio**. Es, en suma, una actitud hacia uno mismo, el fruto de una larga y permanente secuencia de acciones que nos van configurando en el transcurso de nuestra vida. Así, a visión que un individuo tiene de sí mismo viene dada en gran parte por la valoración que han hecho las personas más importantes de su vida (padres y educadores).

Por ello tenemos que enseñar a cada niña y niño desde la infancia a descubrir su interior, lo mejor de su personalidad. Cuanto más lo consideremos como ser importante y digno de atención, y se sienta amado y aceptado, mejor autoconcepto tendrá (Zagalaz, Cachón y Lara, 2014).

Otros autores consideran también el término **identidad como** el conjunto de rasgos propios de un individuo o de una colectividad que los caracterizan frente a los demás. Si este concepto lo aplicamos a la persona, llegamos a la definición de que **identidad personal** es la conciencia que una persona tiene de ser ella misma y distinta a las demás. Implica una conciencia de la permanencia del yo (Serra y Zacarés, 1997).

El R. D. 126/2014 nos indica la importancia de la Educación Física en el logro de la **competencia motriz** del alumnado y, por lo tanto, en su autonomía y autoestima personal.

Así, tenemos: "*La asignatura de Educación Física tiene como finalidad principal desarrollar en las personas su competencia motriz, entendida como la integración de los conocimientos, los procedimientos, las actitudes y los sentimientos vinculados a la conducta motora fundamentalmente. Para su consecución no es suficiente con la mera práctica, sino que es necesario el análisis crítico que afiance actitudes, valores referenciados al cuerpo, al movimiento y a la relación con el entorno. De este modo, el alumnado logrará controlar y dar sentido a las propias acciones motrices, comprender los aspectos perceptivos, emotivos y cognitivos relacionados con dichas acciones y gestionar los sentimientos vinculados a las mismas, además de integrar conocimientos y habilidades transversales, como el trabajo en equipo, el juego limpio y el respeto a las normas, entre otras.*

Asimismo, la Educación Física está vinculada a la adquisición de competencias relacionadas con la salud través de acciones que ayuden a la adquisición de hábitos responsables de actividad física regular, y de la adopción de actitudes críticas ante prácticas sociales no saludables.

La competencia motriz evoluciona a lo largo de la vida de las personas y desarrolla la inteligencia para saber qué hacer, cómo hacerlo, cuándo y con quién en función de los condicionantes del entorno. Entre los procesos implícitos en la conducta motriz hay que destacar el percibir, interpretar, analizar, decidir, ejecutar y evaluar los actos motores. Entre los conocimientos más destacables que se combinan con dichos procedimientos están, además de los correspondientes a las diferentes actividades físicas, los relacionados con la corporeidad, con el movimiento, con la salud, con los sistemas de mejora de las capacidades motrices y con los usos sociales de la actividad física, entre otros. Y entre las actitudes se encuentran las derivadas de la valoración y el sentimiento acerca de sus propias limitaciones y posibilidades, el disfrute de la práctica y la relación con los demás."

4.1. AUTONOMÍA.

Se refiere a las situaciones de dependencia o independencia del alumno/a respecto a varios ámbitos: motricidad, inteligencia, moral, etc.

El objetivo prioritario de la Educación Física se encamina al desarrollo integral del individuo, a partir del progreso de su capacidad motriz y al aumento de su competencia (tanto cualitativa como cuantitativa) y cultura motriz, para el logro de una determinada autonomía personal. Hay que tener en cuenta que en la escuela hay niños y niñas que no tienen adquiridas las habilidades y destrezas básicas propias de su edad-nivel y que inciden negativamente en el aprendizaje escolar:

- Autocuidado: vestirse y desvestirse, así como ponerse y quitarse los zapatos
- Autodirección: orientación en la ubicación de sus pertenencias, juguetes, autorregularse en el comportamiento, realización de tareas, etc.
- Autorrealización de aprendizajes escolares: lecto-escritura, cálculos, etc.
- Uso de utensilios habituales en alimentación e higiene
- Prevención de accidentes. Mantenimiento de la salud, evitar situaciones de riesgo
- Orientación para desplazarse a sitios próximos
- Interacciones sociales. Ocio adecuado.

En todo lo anterior tiene un importante papel la calidad de su conocimiento **corporal**, nivel de **habilidad** perceptivo-motriz, grado de desarrollo de las capacidades coordinativas, etc. que tiene cada niña o niño.

Tenemos numerosas formas de trabajar estos aspectos dentro de nuestra área. Por ejemplo:

- **Expresión Corporal**. Mejora la espontaneidad y creatividad, influyendo positivamente en la autonomía y confianza.
- Las actividades en el **Medio Natural** favorece el desarrollo de la **autonomía** personal.
- El **Juego** en general mejora todos los aspectos perceptivo-motrices.
- Desde un punto de vista **metodológico**, debemos usar estilos de enseñanza basados en la participación del alumno en el proceso (**estilos participativos**). Estos estilos favorecen la autonomía e iniciativa del alumnado.

4.2. AUTOESTIMA.

La autoestima la define Pastor (2007) diciendo que *"es la valoración que, de sí mismo, realiza el individuo como consecuencia de una actuación correcta, competente e inteligente"*.

La autoestima es la percepción valorativa habitual que tenemos de nosotros mismos, de nuestra manera de ser, de quienes somos, del conjunto de rasgos corporales, mentales y espirituales que configuran la propia personalidad. Es el factor más influyente en el **auto concepto**, que es esa imagen completa de lo que pensamos que somos, de lo que creemos que otros piensan de nosotros, de lo que nos gustaría ser, y de lo que pensamos que podemos conseguir (Muritu, Román y Gutiérrez, 1996). En la autoestima tiene un papel importante la acción del docente.

Zagalaz, Cachón y Lara (2014), resumen que autoconcepto es la idea que tenemos de nosotros mismos, a partir de la cual construimos la autoestima, que añade un componente afectivo a dichas creencias. Ambas permiten el bienestar y satisfacción personal.

El área se **orienta** a crear hábitos de práctica de la actividad física y deportiva saludable, regular y continuada a lo largo de la vida, así como a sentirse bien con el propio cuerpo y la alimentación sana, lo que constituye una valiosa ayuda en la mejora de la **autoestima** (R. D. 126/2014).

La persona se auto percibe en función de lo que ella cree de sí misma y también de las comparaciones que hace de sí mismo con respecto de las demás, así como lo que los otros le transmiten acerca de sí mismo (Alcántara, 1993).

La autoestima constituye un **núcleo** básico de la **personalidad**. Se aprende, fluctúa y la podemos mejorar. A partir de los 5-6 años es cuando empezamos a formarnos un concepto de cómo nos ven nuestros seres queridos y entorno, además de las experiencias que vamos adquiriendo.

El nivel de autoestima es el responsable de muchos éxitos y fracasos escolares. La génesis de la autoestima que cada individuo posee -positiva o negativa- tiene básicamente un origen social. Nosotros podemos influir desde nuestra posición, sobre todo desde el área de Educación Física.

Existen una serie de factores que influyen en la **evolución** de la autoestima:

- Desde pequeños se ven en los demás como en un espejo y acaban acomodándose a lo que otras personas esperan de él o ella.

- Las experiencias anteriores de éxito o fracaso que ha tenido el sujeto, muchas de ellas relacionadas con su capacidad motriz, con su nivel de habilidad. La confianza en sus posibilidades ante una determinada actividad depende no sólo de la situación real y objetiva, sino de cómo el sujeto ve dicha situación.

- La imagen corporal que un niño o niña tiene de sí puede condicionar su autoestima total. De ahí la importancia de los medios de comunicación en la creación de un modelo o canon estético y del que se benefician las casas comerciales a través de la publicidad. Por ejemplo, no tener determinados modelos, marcas... o cuerpo puede dar lugar, sobre todo al final de la Etapa a multitud de conflictos y complejos.

Una **elevada** autoestima potencia la capacidad de la persona para desarrollar sus habilidades y aumenta su nivel de seguridad. Además:
- Favorece el aprendizaje y fundamenta la responsabilidad
- Ayuda a superar las dificultades personales y tolerará las frustraciones
- Desarrolla la creatividad y capacidad para afrontar nuevos retos
- Estimula la autonomía personal y disfrute de sus logros
- Posibilita una relación social saludable y garantiza la proyección futura de la persona

Un **bajo nivel** de autoestima enfocará a la persona hacia la derrota y el fracaso:
- Infravalorará su inteligencia y pensará que los demás le minusvaloran
- Tendrá problemas motores y de expresión, así como actitudes defensivas
- Se dejará influir fácilmente por los demás y no tolerará la más mínima frustración

Su déficit provoca inseguridad y, para paliarlo, la motricidad lúdica tiene gran protagonismo ya que su práctica metódica afecta positivamente a la inteligencia y rendimiento escolar en general.

Por todo ello, la práctica de actividad física curricular y extracurricular no sólo constituye una medida higiénica favorecedora de salud física y mental, sino que va imprimiendo una huella a modo de la valoración de sí mismo, de la autoestima del cuerpo. Esto viene dado por las propias características de la actividad física-deportiva: el placer de la realización, el desarrollo de la capacidad de esfuerzo y de lucha contra sí mismo, la regulación del régimen de vida, sueño, y alimentación. Además proporciona sensaciones de bienestar y seguridad, la oportunidad de relacionarse con otros, relajarse de las tensiones e inquietudes diarias, incrementa la confianza en sí y en la propia autonomía-imagen corporal.

El **juego** psicomotor es un excelente medio que repercute en el "yo corporal", libera energía y fomenta la expresión. No olvidemos que la actividad física en general impulsa actitudes positivas, facilita los aprendizajes y devuelve la confianza. El individuo que realiza ejercicio metódico tiene una mentalidad y una actitud que le hace encarar positivamente las dificultades y otros aspectos cotidianos que influyen sobre su salud (dietéticos, higiénicos, etc.).

Es fácil observar cómo los practicantes de actividades físico-deportivas y recreativas de forma regular, reflejan el efecto favorable que ello tiene sobre su cuerpo exterior e interior tanto a corto como a largo plazo. Alumnos y alumnas con mayor competencia motriz muestran una disposición mayor para el aprendizaje y la acción que les permite progresar con más rapidez y en general se muestran más habilidosos y habilidosas para resolver problemas motores, espaciales, etc. Ello trae consigo un afianzamiento en su autonomía y autoestima. Una alumna o alumno con mayor seguridad en sí mismo, trae como consecuencia que tenga una respuesta más autónoma.

En **resumen**, el rol de la escuela y, en concreto, del Área de Educación Física, será trabajar la autoestima a través del conocimiento y aceptación del propio cuerpo y de sí mismo, de sus capacidades, posibilidades y limitaciones motrices. También promover el conocimiento y aceptación de las capacidades, posibilidades y limitaciones de los demás, es decir, el respeto a "las diferencias" como un valor que nos enriquece y nos humaniza.

CONCLUSIONES

El concepto de salud tradicional ha evolucionado en las últimas décadas hacia una dimensión mucho más amplia, donde algunos autores hablan de salud dinámica, siendo la aptitud física, bienestar y calidad de vida los que adquieren un papel protagonista. La práctica de la actividad física, la creación de hábitos, supone un objetivo primordial en la Educación Obligatoria y Post-Obligatoria. La salud tiene en Primaria un tratamiento desde varios niveles: objetivos de Etapa y Área, Elementos Transversales, otras áreas, evaluación, etc.

La Educación Física en las edades de escolarización debe tener una presencia importante en la jornada escolar si se quiere ayudar a paliar el sedentarismo, que es uno de los factores de riesgo identificados, que influye en algunas de las enfermedades más extendidas en la sociedad actual. Los niveles que la Educación Física plantea tienen que adecuarse al nivel de desarrollo de las alumnas y de los alumnos, teniendo siempre presente que la conducta motriz es el principal objeto de la asignatura y que en esa conducta motriz deben quedar aglutinados tanto las intenciones de quien las realiza como los procesos que se pone en juego para realizarla.

No podemos olvidar la higiene, la utilización de los espacios, uso de materiales y ropa y calzado correctos, etc. El alumno que posee un nivel motor adecuado suele tener una autonomía y autoestima superior.

BIBLIOGRAFÍA

- ALCÁNTARA, J. A. (1993). *Cómo educar la Autoestima*. CEAC. Barcelona.
- ARCHANCO, Mª T. y GARCÍA, C. (2006). *Necesidad de un control de salud inicial y periódico*. En "Actas del IV Congreso Nacional "Deporte en la Edad Escolar". P. M. D. Ayuntamiento de Dos Hermanas (Sevilla).
- ARUFE, V.; DOMÍNGUEZ, A.; GARCÍA SOIDÁN, J. L. y LERA, A. (2008). *Ejercicio físico, Salud y Calidad de Vida*. Wanceulen. Sevilla.
- BALIUS, R. y PEDRET, C. (2013). *Lesiones musculares en el deporte*. Panamericana. Madrid.
- BARBANY, J. R. (2002). *Fisiología del ejercicio físico y del entrenamiento*. Paidotribo. Barcelona.
- BERNAL, J. A. -coord.- (2005). *La nutrición en la educación física y el deporte*. Wanceulen. Sevilla.
- CALDERÓN, F. J. (2012). *Fisiología humana. Aplicación a la actividad física*. Panamericana. Madrid.
- CAÑIZARES, J. Mª y CARBONERO, C. (2006). *Temario de oposiciones de Educación Física para Primaria*. Wanceulen. Sevilla.
- CASIMIRO, A. J. (2002). *Hábitos deportivos y estilo de vida de los escolares almerienses*. Servicio de publicaciones Universidad de Almería.
- CONTRERAS, O. R. y GARCÍA, L. M. (2011). *Didáctica de la Educación Física. Enseñanza de los contenidos desde el constructivismo*. Síntesis. Madrid.

- DE LA CRUZ, J.C. (1989a). *Desarrollo anatomo-fisiológico-motor del niño y adolescente*. En Antón, J. L. (coord.) *Entrenamiento Deportivo en la edad escolar*. Unisport. Málaga.

- DE LA CRUZ, J.C. (1989b). *Higiene de la actividad física en edad escolar*. En Rivas, J. (coord.) *Educación para la salud en la práctica deportiva escolar*. Unisport. Málaga.

- DELGADO, M. y TERCEDOR, P. (2002). *Estrategias de intervención en educación para la salud desde la Educación Física*. INDE. Barcelona.

- DELGADO, M., GUTIÉRREZ, A. y CASTILLO, Mª J. (2004). *Entrenamiento físico-deportivo y alimentación*. (3ª edición). Paidotribo. Barcelona.

- DELGADO, M., TERCEDOR, P. y TORRE, E. (2008). *Métodos y técnicas para el conocimiento y mejora de la comunicatividad y expresividad personal y sus repercusiones en la calidad de vida*. En CUÉLLAR, Mª J. y FRANCOS, Mª C. *Expresión y comunicación oral*. Wanceulen. Sevilla.

- DELGADO, M.; DELGADO, P. y TERCEDOR, P. (2008b). *Calidad de vida y desarrollo del conocimiento personal a través de la expresión y comunicación corporal*. En CUÉLLAR, M. J. y FRANCOS, M. C. *Expresión y comunicación corporal*. Wanceulen. Sevilla.

- DEVÍS, J. (coord.) (2000). *Actividad física, deporte y salud*. INDE. Barcelona.

- DEVÍS, J. y PEIRÓ, C. (2001). *Fundamentos para la promoción de la actividad física relacionada con la salud*. En: DEVÍS, J. (coor.). *La Educación Física, el Deporte y la Salud en el siglo XXI*. Marfil. Alicante.

- FERNÁNDEZ DEL OLMO, M. A. (2012). *Neurofisiología aplicada a la actividad física*. Síntesis. Madrid.

- FERNÁNDEZ GARCÍA, E. (coord.) (2002). *Didáctica de la Educación Física en la Educación Primaria*. Síntesis. Madrid.

- FERNÁNDEZ GARCÍA, B. (2011). *Prescripción del ejercicio físico para la prevención y tratamiento de la enfermedad*. Wanceulen. Sevilla.

- FRAILE, A. (2000). *La Educación para la Salud. Tema Transversal en Educación Primaria*. Actas del II Congreso Internacional de Educación Física. U. G. T. Jerez de la Frontera.

- GALLARDO, P. y RODRÍGUEZ, A. (2007). *La actividad física como fuente de salud y calidad de vida*. Wanceulen. Sevilla.

- GARCÍA SODIÁN, J. L. y PERAZA, F. (2009). *Bases para una óptima nutrición en el joven deportista*. En ARUFE, V. y otros. *Entrenamiento en niños y jóvenes deportistas*. Wanceulen. Sevilla.

- GARCÍA SODIÁN, J. L. y SAA, M. (2009). *Los hábitos nutricionales y la actividad física para la salud, desde una perspectiva de la escuela y la sociedad*. En ARUFE, V. y otros. *La Educación Física en la sociedad actual*. Wanceulen. Sevilla.

- GAROZ, I. y MALDONADO, A. (2004). *Salud, estilos de vida, actividad física y evaluación*. En HERNÁNDEZ, J. L. Y VELÁZQUEZ, R. (coord.) *Evaluación de la enseñanza: análisis y propuestas*. Graó. Barcelona.

- GARROTE, N. y LEGIDO, J. C. (2005). *Actividad física-educación física-salud*. En GUILLÉN, M. (coord.) *El ejercicio físico como alternativa terapéutica para la salud*. Wanceulen. Sevilla

- GIL, P. (2003). *Animación y dinámica de grupos deportivos*. Wanceulen. Sevilla.
- GIL, P. (2003). *Desarrollo psicomotor en Educación Infantil*. Wanceulen. Sevilla.
- GIL, P. (2006). *Primeros Auxilios en Animación Deportiva*. Wanceulen. Sevilla.
- GÓMEZ MORA, J. (2003). *Fundamentos biológicos del ejercicio físico*. Wanceulen. Sevilla.
- GÓMEZ, C.; PUIG, N. y MAZA, G. (2009). *Deporte e integración social*. INDE. Barcelona.
- GUILLÉN, M. y otros (2009). *Nutrición deportiva para el alto rendimiento*. En GUILLÉN, M. y ARIZA. L. *Las Ciencias de la Actividad Física y el Deporte como fundamento para la práctica deportiva*. U. de Córdoba.
- GUTIÉRREZ, M. (2015). *Fundamentos de biomecánica deportiva*. Síntesis. Madrid.
- HERRADOR, J. A. (2015). *Riesgos laborales en Educación Física: prevención de accidentes y lesiones*. Formación Alcalá. Jaén.
- JUNTA DE ANDALUCÍA (2001). *Decreto 281/2001, de 26 de diciembre de 2001, por el que se regula la prestación asistencial dental a la población de 6 a 15 años de la Comunidad Autónoma de Andalucía*. B. O. J. A. nº 150, de 31/12/2001.
- JUNTA DE ANDALUCÍA (2010). *Orden de 03 agosto de 2010, por la que se regulan los servicios complementarios de la enseñanza de aula matinal, comedor escolar y actividades extraescolares en los centros docentes públicos, así como la ampliación de horario*. BOJA núm. 158 de 12/08/2010.
- JUNTA DE ANDALUCÍA (2008). *O. de 25 de julio de 2008, por la que se regula la atención a la diversidad del alumnado que cursa la educación básica en los centros docentes públicos de Andalucía*, B. O. J. A. nº 167, de 22/08/2008.
- JUNTA DE ANDALUCÍA (2007). *Ley 17/2007, de 10 de diciembre, de Educación de Andalucía (L. E. A.)*. B. O. J. A. nº 252, de 26/12/07.
- JUNTA DE ANDALUCÍA (2002). *Decreto 137/2002, de 30/04/02. 'Plan de Apoyo a las Familias Andaluzas"*. B.O.J.A. nº 52 de 04/05/2002.
- JUNTA DE ANDALUCÍA (2006). *Orden de 15 de mayo de 2006, por la que se establecen las bases para impulsar la investigación educativa en los centros docentes públicos de la Comunidad Autónoma de Andalucía dependientes de la Consejería de Educación*.
- JUNTA DE ANDALUCÍA (2006). *Orden de 1 de septiembre de 2006, por la que se modifica la de 27 de mayo de 2005, por la que se regula la organización y el funcionamiento de las medidas contempladas en el plan de apoyo a las familias andaluzas relativas a la ampliación del horario de los Centros docentes públicos y al desarrollo de los servicios de aula matinal, comedor y actividades extraescolares*. B.O.J.A. nº 185, de 22/09/2006.
- JUNTA DE ANDALUCÍA (2007). *Resolución de 10/04/2007, de la D. G. de Innovación Educativa y Formación del Profesorado, por la que se aprueban Proyectos de Investigación Educativa y se conceden subvenciones*. B. O. J. A. nº 87 de 04/05/2007.
- JUNTA DE ANDALUCÍA (2010). *Decreto 328/2010, de 13 de julio, por el que se aprueba el Reglamento Orgánico de las escuelas infantiles de segundo grado, de los colegios de educación primaria, de los colegios de educación infantil y primaria, y de los centros públicos específicos de educación especial.*

BOJA nº 139, de 16/07/2010.

- JUNTA DE ANDALUCÍA (2010). *Orden de 20 de agosto de 2010, por la que se regula la organización y el funcionamiento de las escuelas infantiles de segundo ciclo, de los colegios de educación primaria, de los colegios de educación infantil y primaria, y de los centros públicos específicos de educación especial, así como el horario de los centros, del alumnado y del profesorado.* BOJA nº 169, de 30/08/2010.

- JUNTA DE ANDALUCÍA (2015). *Orden de 17 de marzo de 2015, por la que se desarrolla el currículo correspondiente a la educación Primaria en Andalucía.* BOJA nº 60 de 27/03/2015.

- JUNTA DE ANDALUCÍA (2015). *Decreto 97/2015, de 3 de marzo, por el que se establece la ordenación y el currículo de la educación Primaria en la comunidad Autónoma de Andalucía.* BOJA nº 50 de 13/013/2015.

- JUNTA DE ANDALUCÍA (2002). Decreto 147/2002, de 14 de mayo. Ordenación de la atención de alumnado con necesidades educativas especiales. BOJA nº 58, de 18/05/02.

- LAVEGA, P. y otros (2010). *Juegos tradicionales y salud social.* A. C. La Tanguilla. Aranda del Duero (Burgos).

- LEIVA, J. J. (2012). *Educación Intercultural y convivencia en la escuela inclusiva.* Ediciones Aljibe. Málaga.

- LÓPEZ CHICHARRO, J. y otros (2013). *Fisiología del Entrenamiento Aeróbico.* Panamericana. Madrid.

- LÓPEZ MIÑARRO, P. A. (2000). *Ejercicios desaconsejados en la actividad física.* INDE. Barcelona.

- LÓPEZ MIÑARRO, P. A. (2002). *Mitos y falsas creencias en la práctica deportiva.* INDE. Barcelona.

- LÓPEZ MIÑARRO, P. A. (2010). *Actividad física para la salud.* Diego Marín Librero-Editor S. L. Murcia.

- LLORET, M. (2003). *Anatomía aplicada a la actividad física y deportiva.* Paidotribo. Barcelona.

- MÁRQUEZ, S. y GARATACHEA, N. (2010). *Actividad Física y Salud.* Díaz de Santos. Madrid.

- MARTÍN, A. y ORTEGA, R. (2002). *Actividad física y salud.* En GUILLÉN, M. y LINARES, D. (coords.). *Bases biológicas y fisiológicas del movimiento humano.* Médica Panamericana. Madrid.

- M. E. C. (2006). Ley Orgánica 2/2006, de 3 de mayo, de Educación (L. O. E.). B. O. E. nº 106, de 04/05/2006, modificada en algunos artículos por la LOMCE/2013.

- M. E. C. *ECD/65/2015, O. de 21 de enero, por la que se describen las relaciones entre las competencias, los contenidos y los criterios de evaluación de la educación primaria, la educación secundaria obligatoria y el bachillerato.* B.O.E. nº 25, de 29/01/2015.

- M.E.C. (2013). *Ley Orgánica 8/2013, de 9 de diciembre, para la mejora de la calidad educativa.* BOE Nº 295, de 10/12/2013.

- M.E.C. (2014). *R. D. 126/2014, de 28 de febrero, por el que se establece el currículo básico de la Educación Primaria.* B.O.E. nº 52, de 01/03/2014.

- M.E.C. y M. de Sanidad. (2009). *Ganar en salud en la escuela. Guía para conseguirlo.* Madrid.
- MENDOZA, R., SAGRERA, M. R. y BATISTA, J. M. (1994). *Conductas de los escolares españoles relacionadas con la salud.* C. S. I. C. Madrid.
- MURITU, G.; ROMÁN, J M.; y GUTIÉRREZ, M. (1996). *Educación familiar y socialización de los hijos.* Idea Books. Barcelona.
- NARANJO, J. y CENTENO, R. (2000). *Bases fisiológicas del entrenamiento deportivo.* Wanceulen. Sevilla.
- NAVAS, F. J. y otros. (2001). *Anatomía del movimiento y urgencias en el deporte.* Gymnos. Madrid.
- NAVARRO, V. (2007). *Tendencias actuales de la Educación Física en España. Razones para un cambio.* (1ª y 2ª parte). Revista electrónica INDEREF. Editorial INDE. Barcelona. http://www.inderef.com
- ORTEGA, R., SIERRA, A. y GARCÍA, J. L. (2002). *Nutrición en la actividad física.* En GUILLÉN, M. y LINARES, D. (coords.). *Bases biológicas y fisiológicas del movimiento humano.* Médica Panamericana. Madrid.
- ORTEGA, P. (2013). *Educación Física para la salud.* INDE. Barcelona.
- PACHECO, M. J. (2003). *Los contenidos referidos a la condición física y su orientación en la Educación Primaria.* En SÁNCHEZ BAÑUELOS, F. y FERNÁNDEZ GARCÍA, E. -coords.- *Didáctica de la Educación Física para Primaria.* Prentice Hall. Madrid.
- PASTOR, J. L. (coord.) (2007). *Salud, estado de bienestar y actividad física.* Wanceulen. Sevilla.
- PASTOR, J. L. (coord.) (2007). *Motricidad.* Wanceulen. Sevilla.
- PAZOS, J. M. y ARAGUNDE, J. L. (2000). *Educación postural.* INDE Barcelona.
- PINO, M. y ROMO, V. (2009). *Educación Física y salud en la escuela. Determinación de sus variables curriculares.* En ARUFE, V. y otros. *La Educación Física en la sociedad actual.* Wanceulen. Sevilla.
- PIÑEIRO, R. (2006a). *La fuerza y el sistema muscular.* Wanceulen. Sevilla.
- PIÑEIRO, R. (2006b). *La resistencia y el sistema cardiorrespiratorio.* Wanceulen. Sevilla.
- R. A. M. D. (2009). *Proyecto Estadios Saludables en España.* Revista Andaluza de Medicina del Deporte Volumen 2, número 2. Junio de 2009. Sevilla.
- RIBAS, J. (coord.) (1990). *Educación para la Salud en la Práctica Deportiva Escolar.* Unisport. Málaga.
- RIVADENEYRA, M. L. (Coord.). (2003). *Desarrollo de la motricidad.* Wanceulen. Sevilla.
- RODRIGUEZ, P. L.; SANTONJA, F.; DELGADO, M. (1999). *La postura corporal. Intervención en Educación Física escolar.* En SÁENZ, P.; TIERRA, J. y DÍAZ, M. Actas del XVII Congreso Nacional de Educación Física. Volumen II. Universidad de Huelva.
- RODRÍGUEZ GARCÍA, P. L. (2006). *Educación Física y Salud en Primaria.* INDE. Barcelona.
- ROLDÁN, C. (2002) (Coord.). *Manual de seguridad en los centros educativos.* C. E. J. A. Sevilla.

- ROSILLO, S. (2010). *Contraindicaciones. Plan educativo de adquisición de hábitos de vida saludable en la educación*. Procompal. Almería.
- RUIZ FERNÁNDEZ, J. (2006). *Plan para la Promoción de la Actividad Física y la Alimentación Equilibrada 2004-2008*. Actas del IV Congreso Nacional Deporte en Edad Escolar. Ayuntamiento de Dos Hermanas.
- RUIZ PÉREZ, L. M. (coord.) (2001). *Desarrollo, comportamiento motor y deporte*. Síntesis. Madrid.
- SÁNCHEZ BAÑUELOS, F. (1996). *La actividad física orientada hacia la salud*. Biblioteca Nueva. Madrid.
- SÁNCHEZ BAÑUELOS, F. (2003). *El desarrollo de la competencia motriz en los estudiantes*. En SÁNCHEZ BAÑUELOS, F. y FERNÁNDEZ GARCÍA, E. -coords.-. *Didáctica de la Educación Física*. Prentice Hall. Madrid.
- SARASÚA, M. (2010). *Los hábitos saludables y su relación con el currículo de la educación secundaria obligatoria*. Wanceulen. Sevilla.
- SERRA, E. y ZACARÉS, J. (1997). *La madurez personal: perspectivas desde la psicología*. Ediciones Pirámide. Madrid.
- SIERRA, A. (2003). *Actividad Física y Salud en Primaria*. Wanceulen. Sevilla.
- TERCEDOR, P. (2001). *Actividad Física, Condición Física y Salud*. Wanceulen. Sevilla.
- TIMÓN, L. M. y HORMIGO, F. (2010). *La salud en la escuela*. Wanceulen. Sevilla.
- URDAMPILLETA, A. y RODRÍGUEZ, V. M. (2014). *Nutrición y dietética para la actividad física y el deporte*. Netbiblo. A Coruña.
- VV. AA. (1998). *Problemas de Salud en la práctica físico-deportiva*. Wanceulen. Sevilla.
- ZAGALAZ, Mª L.; CACHÓN, J.; LARA, A. (2014). *Fundamentos de la programación de Educación Física en Primaria*. Síntesis. Madrid.

WEBGRAFÍA (Consulta en octubre de 2015).
http://www.agrega2.es
http://recursos.cnice.mec.es/edfisica/
http://www.ite.educacion.es/es/recursos
www.juntadeandalucia.es/educacion/descargasrecursos/curriculo-primaria/index.html
http://www.guiaderecursos.com/webseducativas.php
http://www.adideandalucia.es
http://www.agrega2.es

www.ingramcontent.com/pod-product-compliance
Lightning Source LLC
Chambersburg PA
CBHW080924180426
43192CB00040B/2680